O LAW I LAW

Ar gyfer oedolion sy'n dysgu Cymraeg

T. ROWLAND HUGHES

(talfyriad gan Basil Davies)

GWASG GOMER
1984

Argraffiad Cyntaf — Mawrth 1984
Ail Argraffiad — Mawrth 1987
Trydydd Argraffiad — Mawrth 1995

ISBN 0 86383 076 5

ARGRAFFWYD GAN
J. D. LEWIS A'I FEIBION CYF., GWASG GOMER, LLANDYSUL, DYFED

CYNNWYS

RHAGAIR

Ychydig iawn o ymgais sydd wedi'i wneud i gyflwyno gwaith nofelwyr Cymraeg i ddysgwyr. Yn y fersiwn hwn o'r nofel boblogaidd *O Law i Law* gan T. Rowland Hughes, rwyf wedi ceisio adeiladu pont ar gyfer y bobl hynny sydd wrthi'n dysgu'r iaith.

Talfyrrwyd (*talfyrru—to abridge*) y nofel wreiddiol yn sylweddol ac nid yw'r bennod *Llyfrau* yn ymddangos o gwbl. Eto, rhaid i mi bwysleisio mai iaith y nofel wreiddiol sydd yma. Tua dwsin o weithiau'n unig y bu'n rhaid i mi gysylltu rhannau o'r nofel â'm geiriau fy hun a gosodais y rheiny mewn cromfachau. e.e. "(Er i Meri Evans fod) mor garedig tra bu fy mam yn wael . . ."

Pwrpas y nodiadau yw esbonio'r eirfa ac ambell gystrawen ddieithr. Y nod syml yw helpu'r darllenydd i ddeall y nofel. Pwrpas tebyg sydd i'r Atodiad gan roi sylw arbennig i ffurfiau tafodieithol y Gogledd a'r ffurfiau *would/used to*—pen tost i ddysgwyr, yn fy mhrofiad i. Astudiwch yr Atodiad cyn dechrau darllen y nofel.

Drwy'r cyfan gobeithio y cewch ddigon o help i ddeall y nofel, ac o'i deall ei mwynhau, a'i mwynhau gymaint fel y byddwch yn benderfynol o ddarllen y nofel wreiddiol. Felly, tamaid i aros pryd yw'r fersiwn hwn, a dim arall.

W. Basil Davies

CYDNABOD

Diolch i'm cyfaill Cennard Davies, am nifer o awgrymiadau gwerthfawr a diolch i Kathy Woodcock am fwrw golwg dros y llawysgrif trwy lygad rhywun a fabwysiadodd y Gymraeg yn ystod y ddwy flynedd a aeth heibio.

Cydnabyddaf fy nyled i *Canrif y Chwarelwr* gan Emyr Jones. Elwais yn fawr ar yr adran ar dermau'r chwarel a'u hystyron.

I gloi, mae hi'n bleser diolch i gyfarwyddwyr a staff Gwasg Gomer am fod mor barod i gyhoeddi'r fersiwn hwn o'r nofel boblogaidd ac am eu gofal wrth argraffu. Diolch arbennig i Dyfed Elis Gruffydd am bob arweiniad a chyfarwyddyd.

BYWGRAFFIAD O T. ROWLAND HUGHES (1903-1949)

Brodor o Lanberis yng Ngwynedd oedd Thomas Rowland Hughes. Ar ôl graddio yng Ngholeg y Brifysgol, Bangor yn 1925 bu am ddwy flynedd yn athro yn Ysgol Sir y Bechgyn, Aberdâr. Aeth oddi yno i Rydychen i weithio am radd B.Litt., ac ar ôl gorffen dychwelodd i Goleg Harlech lle bu'n ddarlithydd rhwng 1930 a 1933. Treuliodd flwyddyn wedyn mewn swydd yn Llundain cyn iddo ymuno â'r Gorfforaeth Ddarlledu Brydeinig (B.B.C.) yng Nghaerdydd yn 1935.

Yn fuan wedyn cafodd ei daro'n wael; eto i gyd, er gwaethaf ei salwch aeth ati i ysgrifennu nofelau. *O Law i Law* oedd y gyntaf ohonynt i weld golau dydd a hynny yn 1943. Fe'i dilynwyd gan *William Jones, Yr Ogof, Chwalfa, Y Cychwyn* a phob un ohonynt (ac eithrio *Yr Ogof*) yn defnyddio ardal y chwareli'n gefndir.

Mae T. Rowland Hughes yn enwog fel bardd hefyd ; ef oedd bardd cadeiriol Eisteddfod Genedlaethol Machynlleth 1937, ac awdur y gyfrol o farddoniaeth *Cân neu Ddwy* (1948).

(Darllenwch : *T. Rowland Hughes, Cofiant* gan Edward Rees, Gwasg Gomer, 1968)

BYRFODDAU

cf.—cymharer, *compare*

h.y.—hynny yw, *that is*

(G.C.)—ffurf a ddefnyddir yng Ngogledd Cymru

(D.C.)—ffurf a ddefnyddir yn Ne Cymru

(fem.)—benywaidd, *feminine*

I

LOETRAN

Fe aeth y tri o'r diwedd. Chwarae teg iddynt, am fod yn
gyfeillgar a charedig yr oeddynt, rhyw loetran rhag fy ngadael
fy hunan bach yn yr hen dŷ ar noson yr angladd. Aethai'r sgwrs
yn o farw ers meityn, fel tân wedi llosgi allan. (Er i Meri Evans
fod) mor garedig tra bu fy mam yn wael ac wedyn cyn ac yn
ystod yr angladd, hiraethwn am iddi hi (ac Ifan Jones a Dafydd
Evans) fynd adref.

Hwy oedd y tri olaf c'r ymwelwyr a fu'n galw drwy gyda'r
nos. Pam nad aent adref? Nid oedd arnaf ofn bod wrthyf fy
hun. Ofn! A minnau'n ddyn yn tynnu at fy neugain! Ond
aros a wnaethant, ac wedi rhyw awr o fân siarad, hiraethwn
am iddynt fynd a'm gadael gyda'm hatgofion. Pam nad aent!

"Ydi, wir, mae hi am noson fawr," meddai Dafydd Owen,
gan godi coler ei got, ar gychwyn am y pumed tro.

"Hm! Ydi . . . ydi," ebe Ifan Jones, gan godi eto i boeri i'r
tân.

"Mae arnaf inna' ofn . . . Oes, wir," meddai Meri Ifans. Bu
distawrwydd hir, heb ddim ond ambell "Ia" neu "Hm" araf o
wddf Ifan Jones.

---

iddynt: h.y. iddyn nhw
am fod: eisiau bod
yr oeddynt: h.y. roedden nhw
rhyw loetran: yn sefyll o gwmpas
fy hunan bach: ar fy mhen fy
  hun
yr hen dŷ: y tŷ annwyl
yn o farw: yn eithaf marw
  (yn + go)
ers meityn: ers amser
hwy: h.y. nhw
drwy gyda'r nos: *throughout the
  evening*
pam nad aent: pam na fydden
  nhw'n mynd

wrthyf fy hun: ar fy mhen fy hun
minnau: a fi
yn tynnu at: *getting on for*
gwnaethant: h.y. gwnaethon
  nhw
mân siarad: *small talk*
a'm/gyda'm: a fy/gyda fy
  cf. i'm
am noson fawr: yn mynd i fod
  yn noson stormus
meddai: dywedodd cf. ebe
ar gychwyn: ar fin dechrau
poeri: *to spit*
inna': innau, fi hefyd

13

"Mi ddo' i mewn yn y bora i gynnau siwin o dân a gneud tamaid o frecwast i chi, John Davies."

"Na, mi wna' i'r tro yn iawn, Meri Ifans."

"Na 'newch, wir . . . Rhaid imi gofio mynd â 'goriad y ffrynt hefo mi."

Distawrwydd hir eto, ac yna Dafydd Owen yn cydio yn ei het galed oddi ar yr harmoniym.

"Wel, bobol," medda'.

Ond ni symudodd neb, a suddodd Meri Ifans yn ôl i'w chadair, a'i dwy law ar ei gliniau.

"Diar mi, ond ydi hi'n chwith meddwl, Ifan Jones?"

"Ydi, wir."

"Ond fel yna mae hi, Meri Ifans," ebe Dafydd Owen. "Fel yna mae hi, wyddoch chi."

"Gymwch chi lymaid, John Davies?" (gofynnodd Meri Ifans).

"Dim diolch i chi, Meri Ifans. Mi fydda' i'n mynd i'r gwely cyn bo hir."

Gobeithiwn y gwnâi hynny iddynt gychwyn adref.

"Wel, arnoch chi mae'r bai, John Davies."

"Ia'n Tad," oddi wrth Dafydd Owen.

"Ia, wir . . . Diar, fel mae amser yn mynd!"

Syllodd Ifan Jones i'r simdde fel petai'n gweld y blynyddoedd yn diflannu yn y mwg. Teimlwn braidd yn ddig wrtho, ond wrth edrych ar ei wyneb mawr, cadarn, gwyddwn nad oedd neb caredicach yn y byd.

---

siwin o dân: tân bach
tamaid o: ychydig o cf. tamaid o fwyd
mi wna' i'r tro: *I'll manage* (gwnaf)
'goriad: agoriad (G. C.), allwedd
hefo (G. C.): gyda
gliniau: pengliniau, *knees*
yn chwith meddwl: yn rhyfedd meddwl
wyddoch chi: rydych chi'n gwybod

Gymwch chi (G. C.): gymerwch chi (cymryd)
llymaid: diod
Ia'n Tad: ie, ein Tad, h.y. ie, wir
syllodd: daliodd i edrych (syllu)
simdde: simnai
mwg: *smoke*
braidd yn ddig: *rather angry*
gwyddwn: roeddwn i'n gwybod
caredicach: yn fwy caredig

14

Cofiwn fel yr awn, yn hogyn, i gyfarfod fy nhad o'r chwarel, er mwyn cael cario'i dun-bwyd a bwyta brechdan-fêl a fyddai ar ôl yn y tun. Teimlwn yn ddyn i gyd yn ceisio brasgamu rhwng fy nhad ac Ifan Jones, oherwydd yr oedd y ddau yn gweithio yn yr un bonc ac yn cerdded adref hefo'i gilydd bron bob nos. Sôn am rywbeth yn perthyn i'r capel y byddai'r ddau gan amlaf, ond weithiau, fe grwydrai sgwrs Ifan Jones ato'i hun yn was-fferm ym Môn cyn iddo feddwl am ei chynnig hi yn ardal y chwareli. ' Ifan Môn ' y gelwid ef yn y chwarel, ac fel ' Ifan Môn ' y soniai fy nhad amdano wrth fy mam bob amser. Yr oedd yn gawr o ddyn, a theimlwn yn fychan iawn wrth geisio cydgerdded ag ef ar y ffordd o'r chwarel.

"Ydi o wedi deud wrthach chi, Ifan Jones?" ebe Meri Ifans.

"Deud be', deudwch?"

"Be' mae o am 'neud hefo'r petha', debyg iawn."

"Do. Ac mae o'n gneud yn gall."

"Dyna o'n inna'n ddeud. 'Does dim fel gwerthu o law i law. Os gwerthwch chi o law i law, 'rydach chi'n o saff—ond i chi beidio gollwng dim heb weld lliw yr arian."

"Ydach," ebe Dafydd Owen, "ac yn gwbod i ble mae'r petha'n mynd. Mae hynny'n beth mawr, cofiwch chi."

"Ydi, wir. Ac mae 'ma rai petha' da iawn." Taflodd Meri Ifans olwg craff dros ddodrefn y gegin cyn ychwanegu, "'Licia'

---

fel yr awn: fel roeddwn i'n arfer mynd
yn hogyn (G. C.): yn fachgen, yn grwt (D. C.)
ar ôl: *remaining*
yn ddyn i gyd: *full of oneself*
brasgamu: gwneud camau mawr
ponc (y bonc): yr oriel neu'r stepiau yn y chwarel lle roedd y chwarelwr yn gweithio
sôn: siarad
gan amlaf: *most often*
ei chynnig hi: *to attempt it,* cf. rhoi cynnig arni
gelwid: roedd yn cael ei alw
cawr o ddyn: dyn mawr iawn (cawr, *giant*)

bychan: bach
deud (G. C.): dweud cf. deudwch (dywedwch), deudis (dywedais)
debyg iawn: wrth gwrs
call, doeth: *wise*
o'n: roeddwn i
yn o saff: yn eithaf diogel (yn + go)
gollwng: gadael, *release*
cofiwch chi: h.y. *mind you*
golwg craff: *penetrating look*
'licia' Elin: fyddai Elin ddim yn hoffi (licio). (Elin, neu Ella, ydy merch Meri Ifans)

Elin druan ddim gweld yr hen dresal dderw 'na'n cael cam. Fi bia'r siawns cynta' ar honna, yntê, John Davies?"

"Debyg iawn, Meri Ifans."

Pe gwyddwn y gallai'r tri ohonynt ei chario, buaswn yn ddigon parod i roi'r dresal dderw iddynt y munud hwnnw er mwyn cael gwared â hwy. Yr oeddwn wedi blino.

"Wel, gyfeillion annwl . . ." Cydiodd Dafydd Owen unwaith eto yn ei het, a chododd o'i gadair.

"Wel, Dafydd Owen, 'does gen' i ond . . ."

"Be' 'newch chi hefo'r harmonia 'na, John Davies?"

"'Wn i ddim, wir, Meri Ifans. 'Does gen' i ddim rhyw lawer o ddileit yn y peth, fel y gwyddoch chi."

"Sylvia Jane, hogan Dic Steil, oedd yn gofyn imi ofyn i chi."

"'Roeddwn i'n rhyw feddwl, Meri Ifans, y liciwn i roi'r hen harmoniym i'r capal. Mi wnâi'r tro yn y festri."

"Yn gampus, 'machgen i," ebe Ifan Jones. "Ac mi fasem ni'n ddiolchgar iawn amdani hi, yn ddiolchgar iawn. Mae'r hen gapal 'na mor oer yn y gaea' fel hyn, a 'does dim ond yr organ yn ein cadw ni rhag mynd i'r festri ar noson waith. Wel, bobol, mae'n rhaid imi'i throi hi. Bora 'fory ddaw, Dafydd Owen!"

"Ia, Ifan Jones . . . ia, wir."

*　　*　　*

Maent i gyd wedi mynd o'r diwedd. Dyma'r tro cyntaf imi fod fy hunan bach yn yr hen dŷ, ac y mae arnaf i ofn. Nid ofn yr unigrwydd a'r gwacter, ond ofn y mân atgofion sy'n gyrru ias drwy fy nghefn. Dyna'r hen ganhwyllbren yna, y ganhwyll-

---

dresal: dresel, seld, *dresser*
derw: *oak*
yn cael cam: h.y. *being badly treated*
yntê? (G. C.): yntefe? (D. C.), *isn't it?*
pe gwyddwn: petawn i'n gwybod
dileit: diddordeb, *delight*
hogan (G. C.): merch, croten (D. C.)
yn rhyw feddwl: h.y. *can't help thinking*

mi wnâi'r tro: *it would do* (gwneud)
campus: ardderchog
noson waith: *weeknight*
ei throi hi: h.y. troi am adref
maent: h.y. maen nhw
gwacter: lle gwag
mân atgofion: atgofion bach cf. mân siarad
yn gyrru ias: *sending a shiver*
canhwyllbren: *candlestick*

16

bren y byddai fy mam yn ei gosod yn barod imi bob nos. Nid ar y bwrdd y dylai hi fod, ond ar y pentan yn barod i'w goleuo o'r tân. Rhaid imi gadw'r hen ganhwyllbren yna; oes, y mae'n rhaid imi gadw honna.

Wel, y mae'n well i minnau " 'i throi hi", chwedl Ifan Môn. Y mae'n bur debyg y daw rhai pobl yma'n o gynnar yfory i drio prynu pethau. Beth ydyw hi heddiw? Dydd Mercher, wrth gwrs. Rhwng yfory a dydd Gwener a bore Sadwrn, mi ddylwn wacáu'r hen dŷ i gyd. Wedyn, nos Sadwrn, i'm 'lodgings' a bore Llun, yn ôl i'r chwarel. Bydd yn o ryfedd gweld y pethau yma'n mynd o un i un. Ond beth arall a wnaf i?

---

pentan: y silff uwchben y tân
chwedl: fel y dywed
yn bur debyg: yn eithaf tebyg, *quite likely*

yn o gynnar: yn eithaf cynnar
  cf. yn o ryfedd, yn eithaf rhyfedd
gwacáu: gwneud yn wag

17

II

Y MANGYL

Yr hen Feri Ifans a wnaeth frecwast imi wedi'r cwbl. Cyn gynted ag y gwelodd hi fwg yng nghorn y simdde, yma â hi ar garlam.

"Dŵad â'r ddau wy yma i chi, John Davies. Wya' ffres. Ella isio mangyl ac yn gofyn imi ofyn ichi . . . Sut y byddwch chi'n licio'ch wy, John Davies? Yn galad?"

"Cymhedrol, Meri Ifans, os gwelwch chi'n dda. Rhyw bedwar munud."

"Ella'n gofyn imi ofyn i chi a geiff hi'r siawns cynta' ar y mangyl . . . 'Panad go wan, yntê, John Davies?"

"Diolch . . . I'r dim, Meri Ifans."

"Fel yna y bydda' inna'n licio 'mhanad hefyd. 'Rown i ddim thanciw am de fel y bydd Jim, gŵr Ella, yn 'i yfad o. Yn ddu fel triog, John Davies. A fynta'n cwyno hefo'i 'stumog hefyd! Mae'n dda fod Ella'n gwbod sut i'w gadw fo yn 'i le, ac mi ofala hi y cewch chi'ch arian am y mangyl—hynny ydi, os ydach chi am 'i werthu o."

"Ond mae 'i galon o'n y lle iawn, wyddoch chi."

"Dyna ydw' innau'n ddeud bob amser. Mi wnaiff o rwbath i rywun, a 'does arno fo nag Ella ddim dima' i neb . . . Sut flas sy ar yr wy, John Davies?"

"Campus, Meri Ifans, campus wir."

"Maen nhw'n wyau neis . . . Ond, wrth gwrs, 'fallai nad ydach chi ddim am werthu'r mangyl. Ma' gen Ella un bach,

---

hen Feri: Meri annwyl
cyn gynted ag: *as soon as*
ar garlam: ar frys, yn gyflym
dŵad â (G. C.): dod â
isio (G. C.): eisiau, ishe (D. C.)
cymhedrol: h.y. rhwng caled a meddal
a geiff hi: a gaiff hi, *whether she'll have* (cael)
'panad (G. C.): cwpanaid (o de)

i'r dim: perffaith
'rown i ddim: fyddwn i ddim yn rhoi
triog: *treacle*
a fynta: ac (ef) yntau, *and HE*
mi ofala hi: h.y. bydd hi'n gofalu am: yn bwriadu
'does arno fo: *he doesn't owe*
dima': dimai, *halfpenny*
gen: gan

18

wyddoch chi, y dela' welsoch chi 'rioed, o siop Wmffra Lloya, ond 'dydi'r rheini ddim yn manglio fel y rhai mawr hen-ffasiwn. Dyna ydw' i'n ddeud, beth bynnag. Faint sy arnoch chi isio amdano fo, John Davies?"

Torrodd llais o'r gegin fach cyn imi orfod chwilio am ateb . . . "Hylo! Oes 'na bobol yma?"

"Dowch i mewn, Leusa Morgan."

"Dim ond dŵad i weld sut 'rydach chi heddiw . . . O, hylo, Meri Ifans! . . . A rhywun yn sôn eich bod chi am werthu'r petha'. Finna'n deud wrth Now neithiwr. 'Siawns i gael mangyl, Now ', medda' fi. Ac 'ron i'n meddwl . . ."

"Wedi'i werthu," ebe Meri Ifans.

"Diar annwl! Tewch, da chi!"

"Ydi. Ella'r ferch 'cw wedi'i brynu fo."

"O? 'Ron i'n meddwl bod mangyl gan Ella. Ddaru hi ddim prynu un yn siop . . .?"

"Do, ac un bach del ydi o hefyd."

"I be' mae hi isio dau fangyl, Meri Ifans?"

"Os medar hi fforddio dau fangyl . . . Ga'i dorri chwanag o fara-'menyn i chi, John Davies?"

"Dim diolch. 'Rydw i wedi gneud yn gampus, Meri Ifans."

"Mi ddo' i mewn eto," ebe Leusa Morgan, "i gael gweld be' sy gynnoch chi yma. Yr hen dresal 'na faswn i'n licio. Ydi hi'n debyg o fod yn ddrud iawn, John Davies?"

"Ydi," ebe Meri Ifans. "Mae 'na ryw ddyn o G'narfon wedi cynnig deugain punt amdani hi."

"Diar annwl! Tewch â deud! Deugain punt!" Ac yna syrthiodd ei llygaid ar yr harmoniym. "Mi liciwn i weld Susan,

---

dela': pertaf (del—pert)
faint sy arnoch chi isio: faint
  rydych chi eisiau
gorfod: *to compel*
finnau: a FI
Now: h.y. Owen
medda' fi: meddwn i, dywedais i
'ron i: roeddwn i
tewch (G. C.): byddwch yn
  dawel, *you don't say*! cf. tewch
  â deud

da chi!: *goodness me*!
ddaru hi ddim prynu (G. C.):
  wnaeth hi ddim, phrynodd
  hi ddim
os medar hi (G. C.): os gall hi,
  os ydy hi'n medru/gallu
chwanag (G. C.): ychwaneg,
  mwy
yn debyg o fod: *likely to be*
C'narfon: Caernarfon
diar annwl!: *dear me*!

yr hogan 'cw yn chwara' piano ne' rwbath. Ydi'r harmonia
'ma ar werth, John Davies?"
"Mae o'n 'i rhoi hi i'r capal," meddai Meri Ifans ar unwaith.
"'Rargian fawr! 'I rhoi hi? . . . Yr hen gadair-siglo, yntê?
Diar annwl, fel y byddai'ch mam druan yn 'i pholisho hi! Ydi
honna wedi'i gwerthu, John Davies?"
"Ydi, neithiwr," ebe Meri Ifans cyn imi gael cyfle i agor fy
ngheg.
"O? I bwy, deudwch?"
"'Panad arall, John Davies?"
"Wel diolch, Meri Ifans. 'Panad hefo smôc."
Nid oedd arnaf eisiau'r gwpanaid, ond gwyddwn y buasai
Meri Ifans yn falch o'r cyfle i'w thywallt yn lle ateb cwestiwn
Leusa Morgan.
"Neithiwr ddwytha' yr oedd Susan 'cw'n deud y liciai hi gael
gwely matras yn lle gwely plu. 'Dydach chi ddim wedi gwer-
thu'r gwlâu eto, John Davies?"
"Wedi mynd bob un," ebe Meri Ifans fel bwled.
"Diar annwl! Wel, mi ddo' i mewn eto, pan fydd gen' i fwy
o amsar," ebe Leusa Morgan. "Ne' mi fydd Susan ar ôl yn y
Cownti Sgŵl. Da boch chi 'rwan."
Teimlwn fod Leusa Morgan yn rhoi rhyw bwyslais mawr ar
"Cownti Sgŵl" wrth fynd tua'r drws, rhyw bwyslais a awgrym-
ai fod honno ganddi, Meri Ifans neu beidio.
Cliriodd Meri Ifans y bwrdd heb edrych arnaf. Yr oedd ar
gychwyn allan i ysgwyd y lliain cyn cymryd sylw o'r wên ar fy
wyneb.
"'Dewch chi byth i'r nefoedd," meddwn.
"Tyt! Mi fuasa' honna'n cymryd y dresal a'r harmonia a'r
gwlâu a'r mangyl a'r cwbwl i gyd, ond 'welach chi ddim

---

yr hogan 'cw: h.y. fy merch
'rargian fawr!: goodness gracious!
tywallt: arllwys
neithiwr ddwytha: neithiwr
  ddiwethaf, dim ond neithiwr
gwely plu: feather bed
gwlâu (G. C.): gwelyau

pwyslais: emphasis
a awgrymai: which suggested
  (awgrymu)
'dewch chi: ewch chi ddim
'welach chi ddim: you wouldn't see
  (gweld)

dima' goch o hyn i'ch bedd. Harmonia, wir! 'Tasa' hi'n talu dim ond yr hyn sy arni hi i'r hen Wmffra Lloyd druan, a fynta' mor wael!"

Daeth llais eto o'r gegin fach.

"Ydi 'mam yma, John Davies?"

"Ydi, Ella. Dowch i mewn."

"Jim wedi aros gartra o'r chwarel heddiw, ddim hannar da hefo'i 'stumog, ac wedi gweld Ned, gwas Tŷ Popty, wrth stabal Morus Becar, a Ned yn deud . . ."

"Cymar dy wynt, Ella," ebe'i mam.

"Ned yn deud y daw o i roi llaw hefo'r mangyl. Pryd cân nhw ddŵad, John Davies?"

"Pryd y mynnoch chi, Ella. A chyda llaw, diolch am yr wya'."

"Twt! . . . Mi reda' i i nôl Jim 'rwan."

Ac i ffwrdd â hi fel gwiwer fach.

"Gwrandewch, John Davies," ebe Meri Ifans. "Nid fel 'na mae gwerthu petha'. Rhaid i chi setlo ar y pris i ddechra', ac wedyn peidio â gadal dim i fynd o'r tŷ heb i chi gael arian amdano fo. Faint ydi'r mangyl?"

"'Sgin i ddim syniad. Coron?"

"Pymthag swllt o leiaf. Dyma i chi bymthag swllt. Mi geith Ella setlo hefo mi eto . . . Tyd i mewn Jim."

(Ac aeth Jim a Ned â'r mangyl allan i dŷ Ella a Jim.) 'Roedd hi'n rhyfedd gweld y lle heb yr hen fangyl mawr yn erbyn y mur. Fel y mwynhawn i ei droi i'm mam pan oeddwn i'n hogyn! Cofiais y frawddeg a glywid yn aml pan gâi rhywun

---

dim dima' goch: *not a halfpenny*, h.y. dim arian o gwbl
o hyn: o nawr
'tasa': petai, petasai
ond yr hyn sy arni hi: *only what she owes*
a fynta': ac yntau, a fe
gwas: *man-servant*
cymar dy wynt: h.y. *have your breath back* (cymryd)
ebe: dywedodd

pryd y mynnoch: *whenever you want* (mynnu: dymuno)
gwiwer: *squirrel*
'sgin i ddim: does dim . . . gen i
coron: pum swllt
mi geith: fe gaiff (cael)
tyd (G. C.): tyrd, dere (D. C.)
mur: wal
fel y mwynhawn: fel roeddwn i'n arfer mwynhau
pan gâi rhywun: pan fyddai rhywun yn cael

ei ladd yn y chwarel—"Druan o'i wraig o! Ond mae ganddi
hi fangyl, on'd oes?" Neu, os nad oedd ganddi hi un, "Gobeith-
io y byddan nhw'n hel iddi hi gael mangyl, y gryduras fach."

Chwarelwr oedd fy nhaid, tad fy mam, chwarelwr a thipyn
o bregethwr cynorthwyol ar y Sul. Yr oedd mor huawdl yn y
pulpud nes i'r sôn am ei allu fynd trwy'r sir, ac er ei fod dros
ddeugain oed, cymhellwyd ef o'r diwedd i roi'r gorau i'r
chwarel a chymryd ei alw i'r weinidogaeth. Ond yn ei wythnos
olaf yn y chwarel, syrthiodd darn o'r graig ar ei gefn a'i ladd.
'Roedd Testament Groeg bychan ym mhoced ei got. Mae
hwnnw gennyf o hyd, ac ôl bysedd fy nhaid ar bron bob dalen:
rhaid imi gofio mynd â'r hen Destament bach hefo mi i'r llety.

Rhyw ddeg oed oedd fy mam y pryd hwnnw, a'i brawd,
F'ewythr Dic, yn ddim ond pedair, ond yn y dyddiau hynny,
cyn bod Undeb nac isrif, yr oedd cael y ddau pen-llinyn ynghyd
yn dipyn o gamp. Cafwyd ' cynhebrwng mawr ' wrth gwrs, ac
yr oedd Allt Lwyd, lle trigai fy nain, yn ddu gan bobl y diwrnod
hwnnw. Eisteddodd fy nain a'i dau blentyn wrth fwrdd bach
yn y parlwr ac ar ei ganol gadach sidan mawr, gwyn. Yn ôl
arferiad yr ardal, cerddodd y dyrfa i mewn fesul un ac un a rhoi
chwech neu swllt ar y cadach sidan. Do, fe gliriwyd holl
dreuliau'r angladd felly, ac yr oedd dwybunt yn sbâr.

Clywais, droeon, gan fy mam hanes y noson honno. Wedi
i'r ffrindiau a'r dieithriaid i gyd ymadael, eisteddodd fy nain

---

hel (G. C.): casglu
y gryduras fach: h.y. druan â hi
   (creadures—*fem. creature*)
tipyn o: ychydig bach o
pregethwr cynorthwyol:
   lay-preacher
huawdl: *eloquent*
y sôn: y gair
cymhellwyd ef: *he was coaxed*
   (cymell)
gweinidogaeth: *ministry*
ôl bysedd: *fingermarks* cf. ôl
   traed/gwaed
rhyw ddeg: tua deg
Undeb: *union*

isrif: *minimum number/wage*
cael y ddau pen-llinyn ynghyd:
   to make ends meet
yn dipyn o gamp: *a considerable*
   feat
cynhebrwng (G. C.):
   angladd (D. C.)
lle trigai: lle roedd . . . yn byw
   (trigo)
cadach: hances
fesul un ac un: un ar y tro
chwech (cheiniog)
treuliau: cost
droeon: lawer gwaith
dieithriaid: *strangers*

22

a'm mam wrth ffenestr fach y gegin gefn a syllu'n hir draw i'r mynydd a'r chwarel.

"'Wn i ddim be' wnawn ni, wel'di," meddai o'r diwedd, "'ond 'dawn ni ddim ar y plwy' pe bai raid inni lwgu, Elin." Cododd fy mam i ateb cnoc ar ddrws y ffrynt . . . "Go lew, wir, thanciw. Ga' i ddŵad i mewn?" ebe llais main, braidd yn wichlyd, a daeth gwên a deigryn i lygaid fy nain.

Edward Jones—' Ned Pwyswr ' yn y chwarel—a oedd wrth y drws. Collasai Edward Jones ei fraich dde mewn damwain yn y chwarel, rai blynyddoedd cyn hynny. Cafodd waith wedyn i bwyso'r wagenni o rwbel ar eu ffordd i Domen y Llyn. (Pan gâi chwarelwr ei ladd yn y chwarel) dyna Edward Jones yn tynnu ei lyfr bach glas o'i boced ac yn mynd o ddrws i ddrws drwy'r pentref. Ni bu neb erioed mor gynnil â'i eiriau. Cnoc ar y drws, ac yna, cyn i neb gael cyfle i'w gyfarch, "Go lew, wir, thanciw. Ga' i ddŵad i mewn?" Ac yr oedd croeso iddo ymh'le bynnag yr elai. Eisteddai ar gongl y bwrdd ar unwaith a'i bwt o fraich ar ddalen agored y llyfr glas. Ac ef ei hun a benderfynai'r swm . . . "Tair ceiniog, William Davies", neu "Chwe cheiniog, Jane Ifans, os medrwch chi'i fforddio fo". Ac wedi cael yr arian, i ffwrdd ag ef heb wastraffu gair nac eiliad.

"Y pres sy'n sbâr," meddai wrth fy nain, gan roi cwdyn bychan iddi a hwnnw'n llawn o arian. "Mi ellwch ddisgwyl y dynion yma nos 'fory hefo mangyl."

Felly y daeth y mangyl i dŷ fy nain. Buan y gwyddai'r ardal fod y weddw yn golchi a manglio, a rhoddwyd iddi, i gadw'r

---

wel'di: weli di, *you see* (gweld)
'dawn ni ddim: awn ni ddim (mynd) ar y plwy', *to seek parish* (plwyf) *assistance*
pe bai: petai, petasai
llwgu: newynu, *to famish*
gwichlyd: *squeaky*
deigryn: *a tear*
pwyswr: (Ei waith oedd pwyso'r rwbel a oedd yn dod o'r twll yn y chwarel)
rwbel: *rubble*

tomen: *heap*
cynnil: di-wastraff cf. cynilo, *to save*
cyfarch: *to greet*
yr elai: y byddai'n mynd
ar gongl (G. C.): ar gornel
pwt o fraich: *stump of an arm*
pres (G. C.): arian
buan: *soon*
gwyddai'r ardal: roedd yr ardal yn gwybod
gweddw: gwraig wedi colli'i gŵr

23

blaidd i ffwrdd, waith pur reolaidd. Prin iawn oedd y ceiniogau a enillai, ond yr oeddynt yn ddigon i gadw'r teulu bach rhag angen. Ceiniog a dimai'r un am fanglio blancedi a llieiniau mawrion, ceiniog yr un am lieiniau bwrdd a phethau tebyg—oedd, yr oedd yn rhaid llafurio i ennill digon i dalu'r rhent a chael tamaid.

Y mae'n wir i'm nain farw cyn cyrraedd ei hanner cant, ond rhyw dwymyn a'i lladdodd, meddai'r meddyg. Daliai fy mam mai twymyn gorweithio ydoedd, a hi a feddyliodd am yr adnod a dorrwyd ar garreg ei bedd—"Mi a ymdrechais ymdrech deg". Sylwais ar y garreg ddoe yn angladd fy mam—carreg las, fechan, ddi-nod, ac yn o agos hefyd y mae carreg fechan, ddi-nod, arall ac arni enw Edward Jones. Rhyfedd imi sylwi ar honno ddoe, a gweld yr adnod arni—"Gwyn eu byd y rhai trugarogion; canys hwy a gânt drugaredd". Celwyddau, medd rhywun, sydd ar gerrig beddau. 'Wn i ddim. Fe dorrwyd y gwir ar lech ddi-nod Edward Jones, beth bynnag. Ac ar fedd syml fy nain.

---

blaidd: *wolf*
pur reolaidd: eithaf cyson
rhag angen: *from being in need*
llafurio: gweithio'n galed
rhyw dwymyn: *some fever* (twymyn) *or other*
daliai fy mam: roedd fy mam yn dal (dal—*to maintain*)
gorweithio: gweithio'n rhy galed
adnod: *Biblical verse*
a dorrwyd: a ysgrifennwyd

ymdrech: *effort* cf. ymdrechu—to make an effort
di-nod: *insignificant*
"Gwyn eu byd: etc.", *"Blessed are the merciful for they shall obtain mercy."*
celwyddau: *lies*
gwir: *truth*
llech: *slate* (Yn ardal y chwareli mae'r cerrig beddau o lechi mawr.)

III

YR HARMONIYM

Diolch am dipyn o dawelwch o'r diwedd. Bu rhywrai'n mynd a dŵad yma drwy'r dydd i brynu hyn a'r llall, ac yr oedd yn dda gennyf glywed yr olaf ohonynt yn dweud "Nos dawch". Ond nid yw'r tŷ'n llawer gwacach, gan i'r rhan fwyaf o'r prynwyr, chwarae teg iddynt, adael eu pethau yma tan ddydd Sadwrn rhag imi deimlo'n chwith hebddynt o hyn i ddiwedd yr wythnos.

Galwodd Ifan Jones yma heno tua chwech i fynd â'r harmoniym i festri'r capel. Daeth Dafydd Owen a dau o ddynion eraill gydag ef i roi help llaw—Lewis Roberts, y codwr canu, a Llew Hughes sy'n canu'r organ. Euthum innau gyda hwy, rhag ofn bod y baich yn un go drwm.

Pan ddychwelais i'r tŷ, yr oedd Meri Ifans ac Ella wrthi'n brysur yn marcio'r prisiau ar rai o'r dodrefn.

"Coron oeddach chi'n ddeud am y cloc bach 'ma, mam?"

"Pwy oedd yn deud 'i bod hi 'i isio fo, hefyd?"

"Nid gwraig y Person, deudwch?"

"O . . . Saith a chwech."

Gwnaeth y ddwy damaid o swper imi, a chefais, yr un pryd, hanes hwn-a-hwn yn trio cael y peth-a'r-peth am swllt yn lle deunaw, a hon-a-hon yn methu gweld dim yn ddigon da i'w thŷ hi. Ond yr oedd yn dda gennyf weld Ella a'i mam yn mynd a'm gadael gyda'm hatgofion.

---

dŵad (G. C.): dod
hyn a'r llall: *this and that*
nos dawch (G. C.): nos da i chi
gan: oherwydd
rhag imi: *in case I*
teimlo'n chwith: teimlo'n
    od/rhyfedd cf. chwith meddwl
hebddynt: h.y. hebddyn nhw
codwr canu: arweinydd y canu
    mewn capel
euthum innau: h.y. fe es i hefyd

baich: llwyth
wrthi: *at it* (yn gwneud
    rhywbeth)
y Person: y ficer
hwn-a-hwn: *such and such a (male)*
    person
peth-a'r-peth: *such and such a thing*
deunaw: swllt a chwech
    (h.y. dau x naw ceiniog)
hon-a-hon: *such and such a (fem.)*
    person

Ond yr hen harmoniym sydd fwyaf yn fy meddwl heno. Y mae'r mur gyferbyn â mi yn edrych yn rhyfedd hebddi, er i Meri Ifans osod bwrdd bach i gymryd ei lle o dan y cloc. Yno, o dan y cloc, yr wyf yn ei chofio, ac os byddai fy nhad yn y tŷ, dyna lle byddai ei het galed wedi ei tharo ar gongl yr offeryn. Ganwaith y clywais fy mam yn dweud y drefn wrth symud yr het oddi yno a'i rhoi i hongian yn y lobi, ond dal i'w tharo ar gongl yr harmoniym a wnâi fy nhad. "I be' arall y mae hi'n dda?" fyddai ei ateb i'm mam bob tro. "'Does neb yn canu'r hen beth."

Ac nid oedd neb yn ei chanu. Sut y daeth hi yma, ni wn, oni feddyliodd fy nhad, pan oeddwn i'n fychan, y buasai harmoniym yn gwneud cerddor ohonof.

"Pam nad eisteddi di wrthi hi yn iawn a thrio canu rhwbath?" gofynnodd fy mam un noson.

A thynnais innau gadair at yr harmoniym.

"Tria'r *Mochyn Du*," meddai fy nhad. "Mae honno'n ddigon hawdd."

Ond yr oedd *Y Mochyn Du*'n rhy anodd i mi, a buan y blinais ar drio a thrio ei chanu ag un bys.

"Piti na fedrwn i hefyd, yntê, 'nhad?"

"Fasat ti yn licio'i chanu hi, John bach?"

"Dewcs, baswn, 'nhad."

"Mi ofynna' i i Huw Ffowcs ddŵad yma i ddangos iti sut i roi'r wagan ar yr haearn, wel'di. Mi bicia' i lawr i'r Bonc Fach i'w weld o ar yr awr ginio 'fory."

Ni wyddwn beth oedd "rhoi'r wagen ar yr haearn", ond yr oedd clywed enw Huw Ffowcs yn gwneud i'm calon guro â llawenydd. Huw Ffowcs a ganai'r organ yn y capel y pryd hwnnw, ac edrychwn arno fel rhyw fath o ddewin yn ei sedd fach wrth yr organ bob Sul. Âi i fyny i'r pulpud cyn dechrau

---

wedi ei tharo: (yr het) wedi ei
   dodi
ganwaith: cant o weithiau
dweud y drefn: *to lay the law down*
oni: *unless*
y Mochyn Du: hen alaw
   draddodiadol
dewcs: *goodness!*

rhoi'r wagan ar yr haearn: rhoi
   rhywun ar y ffordd iawn
   (Idiom o fyd y chwarel ydyw)
mi bicia' i (G. C.): *I'll pop* . . .
   (picio—*to drop in*)
llawenydd: hapusrwydd
dewin: swynwr, *wizard*

pob gwasanaeth, a tharo papur bach ar lyfr emynau'r preg-
ethwr. Pan oeddwn yn hogyn, teimlwn y rhoddai hyn ryw
urddas iddo, gan mai ef, ac nid y pregethwr, ddewisai'r tonau
i'r cyfarfod. Ond deuthum i wybod, ymhen amser, fod rheswm
arall tros hyn; rhyw ugain o donau a wyddai Huw Ffowcs, ac
aeth yn draed moch fwy nag unwaith pan fu raid iddo drio
canu rhyw dôn a oedd yn o ddieithr iddo.

Euthum i gysgu'r noson honno yn fy ngweld fy hun, yr un
fath â'r dyn hwnnw o Lerpwl a ddaeth i ganu'r organ newydd
yn y Capel Mawr ryw fis cyn hynny. Saith oed oeddwn, ac ni
ddaeth i'm meddwl ifanc y byddai'n rhaid wrth amynedd
diderfyn a llawer llai o gicio pêl a chwarae "knock-doors".
Gwyddwn fod Teddie Tŷ Crwn ac Albert Holly Bank yn cael
gwersi ryw ddwywaith bob wythnos, ond yr oeddwn i'n
wahanol iddynt hwy. Fe wnâi un wers, a honno'n wers unwaith
ac am byth y tro i mi.

Trannoeth, euthum i gyfarfod fy nhad ar ei ffordd adref o'r
chwarel.

"Be' ddeudodd o, 'nhad?"

"Be' ddeudodd pwy?"

"Ond Huw Ffowcs, debyg iawn."

"O! Deud y daw o acw heno."

"Heno? Faint o'r gloch, 'nhad?"

"Tua saith, medda' fo."

"Mi fyddi di'n canu'r organ yn y capel reit fuan, John bach,"
meddai Ifan Jones.

Hir fu'r ymaros tan saith o'r gloch. Yr oedd hi'n noson go
arw a'r glaw yn taro ar y ffenestr. Tybed a ddeuai trwy'r

---

taro: dodi
urddas: *dignity*
gan mai ef: *since it was HE*
deuthum: h.y. des i
a wyddai H. Ff: roedd H.Ff
  yn gwybod
yn draed moch: yn llanastr,
  bedlam
euthum: h.y. es i
rhaid wrth: rhaid cael
amynedd: *patience*

diderfyn: diddiwedd
fe wnâi . . . y tro: byddai (un
  wers) yn ddigon
trannoeth: y bore/diwrnod
  wedyn
debyg iawn: siŵr iawn,
  wrth gwrs
acw: h.y. draw i'n tŷ ni
reit fuan (G. C.): cyn bo hir
ymaros: aros
garw: *rough*

ddrycin? Rhoes fy mam lyfr lluniau imi, ond llithrai fy llygaid o'i ddalennau i syllu i'r tân.

"Saith o'r gloch ddeudodd o, yntê, 'nhad?"

"Faint o weithia' mae isio imi ddeud yr un peth wrthat ti, hogyn?"

"Faint ydi hi 'rŵan?"

"Hannar awr wedi chwech. 'Ddaw o ddim am hannar awr arall."

"Ydi hi'n dal i fwrw, mam?"

"Ydi, dipyn, wir. Ond mae hi'n well, John bach."

"Os ydi Huw Ffowcs wedi deud y daw o mae o'n siŵr o ddŵad," meddai fy mam.

Hen lanc oedd Huw, yn byw gyda'i chwaer mewn tyddyn bach ar lethr y mynydd. Buasai'n lletya wrth droed y chwarel, ond pan fu farw ei frawd-yng-nghyfraith yn sydyn, symudodd Huw yn ôl i'w hen gartref yn gwmni i'w chwaer a'i thri o blant. Cadwai hi ddwy fuwch a rhyw ddau ddwsin o ieir, a rhwng gweithio yn y chwarel drwy'r dydd ac ar y tipyn ffarm bob gyda'r nos, yr oedd bywyd Huw Ffowcs yn un go galed. Ond Sul neu waith, nid oedd dim a'i cadwai ymaith o'i sedd wrth organ y capel.

Clywn ef, mewn dychymyg, yn gweiddi "Nos dawch, 'rŵan, Nell" ar ei chwaer, ac yn tynnu ei gap i lawr ar ei ben wrth gerdded yn erbyn y gwynt ar hyd y llwybr o'r Tyddyn Gwyn i'r ffordd ac yn troi i'r chwith ac i lawr yr allt. Rhyw ddwy waith yr aethai fy nhad â mi am dro cyn belled â'r Tyddyn Gwyn, ac wrth syllu i'r tân yn aros Huw Ffowcs, synnwn ei fod yn mentro mor aml ar daith mor unig. Ond yr oedd wedi mentro heno, a gwelwn ef yn mynd heibio i'r hen dwll chwarel ac yn cyflymu ei gamau rhag ofn i ysbryd Sac Lewis godi a'i

---

drycin: storm
rhoes: h.y. rhoiodd
hen lanc: dyn heb briodi
llethr: *slope*
buasai: roedd e wedi bod
lletya: yn byw mewn llety
  (*to lodge*), cf. llety—*lodgings*
tipyn ffarm: fferm fach, (h.y. a
  bit of a farm)

Sul neu waith: dydd Sul neu
  yn ystod yr wythnos
a'i cadwai: a oedd yn ei gadw
yr allt (G. C.): y bryn, y rhiw
  (Yn Ne Cymru coedwig
  fechan yw *gallt*)
mentro: *to dare, to venture*
ysbryd: *ghost*

28

ddychryn. Yr oedd yr hen chwarel wedi ei chau ers blynydd-oedd, a llifasai dŵr i'r Twll Dwfn, ac arno gysgod tywyll y graig bob amser. Ni ddangosodd fy nhad y twll hwnnw imi pan aethom am dro heibio iddo y tro cyntaf, ond yr ail waith, mynaswn gael ei weld. Codasai fi i ben y wal ar fin y lôn, a chefais fraw wrth syllu i lawr ar y dŵr. Fel yr edrychwn, syrthiodd carreg fach o'r graig. Dychrynais am fy mywyd a llithrais i lawr yn gyflym o ben y wal. Ysbryd Sac Lewis oedd yn cynhyrfu'r dŵr, ac amdano ef y breuddwydiais am nosau wedyn. Saer maen oedd Saceus Lewis, a thorrodd ei enw ar ddŵr y Twll Dwfn trwy ei foddi ei hun ynddo: yn wir, ni soniai neb am y Twll Dwfn ar ôl hynny, ond yn hytrach, am Lyn Sac Lewis.

"Ydi hi'n saith eto, 'nhad?" gofynnais.

"Mae hi'n o agos, wel'di. Ydi'r cloc o gwmpas 'i le, Elin?"

"Ydi," ebe fy mam. "Mi rois i o'n iawn hefo corn y chwarel pan oedd o'n canu pedwar."

A'r funud honno, dyna lais yn y gegin fach. "Oes 'na bobol yma?"

"Tyd i mewn, Huw," ebe fy nhad. Ac wedi iddo ddod trwy ddrws y gegin, "Mae 'na ddisgwyl mawr amdanat ti, wel'di."

"O, felly wir? Diawcs, mae'r hen harmonia 'ma'n edrach yn dda gynnoch chi. Ydi, wir."

Rhoes ei droed ar y droedlath a dechreuodd ei fysedd ganu emyn, un o'r ugain a wyddai.

---

dychryn: brawychu, *to frighten*
  cf. dychrynu
mynaswn: roeddwn wedi mynnu
  (*to insist*)
ar fin y lôn: ar ochr y ffordd
  fach
braw: ofn
dychrynais am fy mywyd:
  I got the fright of my life
cynhyrfu: *to agitate*
nosau: nosweithiau
saer maen: *a stone mason*
torrodd ei enw: *he signed,*
  (torri enw—*to sign*)

yn hytrach: yn lle
o gwmpas 'i le: yn weddol gywir
mi rois i (G. C.): h.y. fe roiais i
corn y chwarel: hwter y chwarel
  (a oedd yn canu ar amserau
  arbennig)
canu pedwar: gorffennai'r
  chwarelwyr weithio am 4 p.m.
disgwyl mawr amdanat ti: *you
  are eagerly awaited*
diawcs: *goodness me!* cf. dewcs!
y droedlath: *the treadle*
a wyddai: yr oedd e'n eu gwybod

"Diawcs, on'd oes gynni hi sŵn hyfryd? Oes, wir. 'Merician, Robat Davies."

"O?" meddai fy nhad, gan syllu ar yr harmoniym fel petai'n ei gweld am y tro cyntaf.

"Ia, 'Merician," ebe Huw Ffowcs. "Dim byd tebyg iddyn nhw. Wel, John bach, tyd inni gael gweld be' fedrwn ni 'i wneud." A rhoes wên a winc arnaf.

Disgwyliaswn fedru canu pob math o donau cyn diwedd y noson, ond euthum i'm gwely'n siomedig iawn. Dysgaswn drefn fy mysedd wrth ganu'r "scale", a gadawodd Huw Ffowcs lyfr imi ei ddilyn wrth ymarfer. Llyfr diramant iawn oedd y llyfr hwnnw, yn ailadrodd fwy neu lai yr un peth o hyd, o hyd, ac ni welwn unrhyw werth ynddo. 'Faint gwell oeddwn i o ganu'r un peth byth a hefyd? Pam na fuasai Huw Ffowcs yn fy nysgu i'n iawn, yn lle gwastraffu amser hefo rhyw chwarae plant fel hyn?

Ofnaf mai disgybl go sâl a gafodd Huw Ffowcs yn ein tŷ ni. Daeth acw bob nos Fercher am wythnosau lawer, ond ychydig oedd yr arwyddion fy mod yn talu sylw i'r llyfr y rhoes ei fenthyg imi. Nid edrychai'n gas, ac ni ddywedai'r drefn wrthyf, dim ond dal i wenu a wincio fel petai'n rhoi'r wers gyntaf imi bob tro. A'r un fyddai ei londer a'i amynedd ar noson arw ac yntau'n wlyb at ei groen bron. Ond o'r diwedd, penderfynodd fy nhad mai gwastraff ar amser oedd dal ati fel hyn. Y nos Fercher ganlynol, euthum at yr harmoniym am awr fy hun—o barch i ymdrechion Huw Ffowcs, am a wn i.

---

gynni hi: ganddi hi
tyd (G. C.) inni gael gweld: *let's see*
disgwyliaswn: roeddwn wedi disgwyl (*expect*)
diramant: di-gyffro, *unexciting*
ailadrodd: *to repeat*
'faint gwell: *how much better off*
byth a hefyd: *o hyd ac o hyd*
chwarae plant: rhywbeth hawdd

ofnaf: mae arnaf i ofn
acw: h.y. i'n tŷ ni
arwyddion: *signs*
llonder: sirioldeb, *cheerfulness*
yn wlyb at ei groen: *soaked to his skin*
canlynol: wedyn
o barch: *out of respect*
ymdrechion: *efforts*
am a wn i: *as far as I know*

"Rho'r gora' i'r diwn gron 'na, hogyn," ebe fy nhad o'r
diwedd, "a thria ganu rhwbath iawn. Ne' rho'r ffidil yn y to."
(Ac) yn y to y rhoed y ffidil.

---

iawn: *real, proper*
rho'r ffidil yn y to: *give up*!
   (rhoi'r ffidil yn y to—*to give
   up*)
v rhoed: y rhoddwyd

IV

Y GADAIR

Heddiw eto, ddydd Gwener, yr hen Feri Ifans a wnaeth damaid o frecwast imi. Wedi imi gynnau tân a tharo'r llestri ar y bwrdd, euthum allan i lenwi'r tegell wrth y feis. Clywn rywun yn ysgwyd y ddôr, ac yna'r llais uchel, gwichlyd : "Agorwch, John Davies. Fi sy 'ma."

Wedi imi agor y ddôr, cipiodd y tegell o'm llaw ac i ffwrdd â hi i'r tŷ. Pan ddilynais hi a dechrau cynnig help llaw hefo hyn a'r llall, gwthiodd fi i'r gadair-siglo gan orchymyn imi aros yno'n dawel nes bod y brecwast yn barod.

"'Fydda' i ddim yn licio hen ddynion o gwmpas y tŷ. Mi fedrwn i ddweud, diolch i'r Nefoedd, pan fuo William farw, na fu raid iddo blicio tatws na golchi lloria' na dim byd y dyla'r wraig ac nid y gŵr 'i 'neud. 'Roedd o'n gweithio'n ddigon calad yn yr hen chwaral 'na i haeddu tawelwch a gorffwys pan ddôi o adra. O, ia, be' ydach chi am 'neud hefo cadair eich ewyth', John Davies?"

"'Wn i ddim, wir. Wyddoch chi am rywun sydd 'i heisio hi?"

"Susan, gwraig Sam Roberts, ddaru alw acw neithiwr ar 'i ffordd o dŷ'r Doctor. 'Dydi Sam druan ddim gwell, ond mae'r doctor am iddo fo gael mynd allan dipyn tua'r gwanwyn 'ma. A phan soniais i eich bod chi'n gwerthu'r petha', dyma ni'n dwy ar unwaith yn cofio am gadair eich ewyth'. ' Piti na fasa fo yn

---

y feis: tap dŵr
y ddôr: y drws
gwichlyd: *squeaky*
cipiodd: *(she) snatched* (cipio)
hyn a'r llall: *this and that*
gan orchymyn: *commanding*,
  (gorchymyn)
fydda'i ddim yn licio: dydw i
  ddim yn hoffi

hen ddynion: *men* (hen *in a*
  derogatory tone)
pan fuo: pan fuodd/fu
plicio: *to peel*
haeddu: *to deserve*
am 'neud: yn bwriadu gwneud
(a) ddaru alw (G. C.): (a)
  alwodd/wnaeth alw
dipyn: ychydig
dyma ni'n . . . cofio: cofion ni

32

'i gwerthu hi imi', medda' Susan. A dyma finna'n addo y baswn i'n sôn wrthach chi . . . Ga'i dorri chwanag o fara-'menyn?"

"Dim diolch, Meri Ifans. Deudwch wrth Susan Roberts am yrru'r hogyn i lawr i nôl y gadair pan fyn hi. Croeso iddi ei chael."

"Mae hen betha' fel 'na yn ddrud iawn—yr hen dacla' sy'n 'u gneud nhw yn cymryd mantais ar bobol sâl. A 'does gan Susan druan, mwy na finna', ddim modd i dalu arian mawr iddyn nhw. Faint fydd 'i phris hi, John Davies?"

"Mil o bunnau," meddwn, gyda winc ar Wil, hogyn Jim ac Ella, a sleifiasai i mewn i geisio cael dimai o groen ei nain cyn mynd i'r ysgol. "Wyt ti eisio ennill ceiniog, Wil?"

"'Rargian, ydw'," ebe Wil.

"Hwda, ynta'."

Poerodd Wil ar y geiniog, gyda winc ar ei nain, cyn ei tharo yn llogell ei drowsus.

"Mi wyddost am y gadair ar olwynion sy yn y parlwr?"

"Gwn."

"Wyt ti'n meddwl y medri di'i gwthio hi?"

"I gwthio hi, medra'!"

"Dos â hi allan drwy ddrws y ffrynt a gwthia hi i fyny'r stryd a thrwy London Row i dŷ Samuel Roberts, Lake View."

"Tŷ Owi?"

"Ia, tŷ Owi," ebe'i nain, "a dywed ti wrth fam Owi fod John Davies yn 'i rhoi hi'n bresant i dad Owi, a bod John Davies hefyd yn gobeithio y bydd tad Owi yn gwella'n reit fuan. A

---

dyma finnau'n addo: addewais i,
  (addo—*to promise*)
chwanag (G. C.): ychwaneg,
  rhagor
gyrru (G. C.): anfon,
  hala (D. C.)
pan fyn hi: pan fydd hi'n mynnu
  (dymuno)
yr hen dacla': *rascals*
modd: ffordd, *means*
a sleifiasai: a oedd wedi
  sleifio/symud yn ddistaw iawn

ennill: *to earn*
hwda (G. C.): cymera!
  hwre (D. C.)
ynta': yntau, 'te (D. C.), *then*
llogell: poced
mi wyddost, rwyt ti'n gwybod
gwn: ydw, rydw i'n gwybod
  cf. wn i ddim
dos â (G. C.): cer â (D. C.)
Owi: h.y. Owen

33

dywed ti wrth fam Owi fod dy nain am ddŵad i fyny yno rywdro heno . . ."

Ond yr oedd Wil yn y parlwr erbyn hyn, ac ymhen ychydig eiliadau, clywem ei sŵn yn agor drws y ffrynt.

Aeth Meri Ifans a minnau yno i'w gychwyn ar ei daith.

"Samuel Roberts druan!" ebe Meri Ifans pan aethom yn ôl i'r gegin. "Mae o'n gorfod diodda'n arw. Dyn cymharol ifanc hefyd. 'Rhoswch chi, 'dydi o fawr hŷn nag Ella—rhyw bump a deugain faswn i'n ddeud."

"Strôc, yntê?"

"Ia, druan. Dau o blant bach hefyd. 'Dydi o ddim fel 'tae o'n gwella rhyw lawer, er 'i fod o'n medru cropian o gwmpas y tŷ. Mi fydd y gadair yn fendith fawr iddo fo, John Davies, yn fendith fawr iawn."

"Bydd, gobeithio."

Tra oedd Meri Ifans wrthi'n golchi'r llestri yn y gegin fach, eisteddais innau wrth y tân a llanw o atgofion yn llifo i'm meddwl. Atgofion am F'ewythr Huw, y tirionaf a'r cywiraf o ddynion.

A mi'n hogyn, awn am dro hefo F'ewythr Huw yn aml iawn. Crwydrem hyd lan Afon Lwyd neu ar fin y llyn neu i fyny drwy'r coed i Fryn Llus. Yr oedd ef yn ddyn a minnau'n ddim ond hogyn, ond gallech dyngu mai dau fachgen ryw naw oed oeddem. Rhedai f'ewythr yn wyllt o'm blaen ger glan yr afon, syrthiai ar ei hyd weithiau i gymryd arno saethu Indiaid Cochion, safai ar un droed ar garreg lithrig yng nghanol Rhyd-yr-Hafod, sleifiai drwy wrych i chwilio am nythod, dringai goeden er mwyn hongian o un o'r canghennau. Ambell

---

am ddŵad: yn bwriadu dod
yn arw: h.y. yn ofnadwy
cymharol: *comparatively*
'dydi o fawr hŷn: dydy e ddim llawer hynach
fel 'tae: fel petai
bendith: *blessing*
wrthi: *at it* (yn gwneud rhywbeth)
llanw o atgofion: *a tide of memories*

tirionaf: addfwynaf, tyneraf
   gentlest
cywiraf: *most sincere*
crwydrem: bydden ni'n arfer crwydro (*to wander*)
gallech dyngu: *you could swear* (*an oath*), (tyngu)
ar ei hyd: *headlong*
cymryd arno: (*he would*) *pretend*, (cymryd ar—to pretend)
gwrych: *hedge*

34

brynhawn Sadwrn, âi â mi cyn belled â Chaernarfon, a diwrnod rhyfedd o hapus fyddai hwnnw. Daliai fy mam, wrth gwrs, fod f'ewythr yn fy nifetha'n lân. "Cofia di, Huw," fyddai ei geiriau olaf "fi geith y drafferth hefo fo os daw o adra'n sâl heno." Ysgydwai f'ewythr ei ben yn ddwys a chymerai fy llaw i'm harwain yn araf a difrifol i lawr y stryd. Cerddwn innau wrth ei ochr fel pe bawn ar y ffordd i angladd yn hytrach nag i'r dref. Cyn gynted ag y troem i'r Stryd Fawr, gollyngwn fy ngafael yn ei law a thaflai yntau winc arnaf gan ymbalfalu ym mhoced-gefn ei drowsus. Tynnai geiniog allan a'm gyrru o'i flaen i Siop y Gongl i brynu "rhwbath i'w gnoi yn y trên, 'r hen ddyn".

Ni wn faint o arian a wariai f'ewythr yn y dref ar brynhawn Sadwrn fel hyn. Fel rheol, aem o gwmpas y siopau i ddechrau, f'ewythr yn prynu imi bob math o ddanteithion. Wedyn, i lawr â ni at y Cei i edrych ar y cychod ac i wrando ar storïau ambell hen forwr. Byddai f'ewythr yn sicr o dynnu sgwrs â rhyw hen longwr ar un o seddau'r Cei, oherwydd yr oedd yn wrandawr heb ei ail.

"'Rŵan am domen o glwydda'," sibrydai f'ewythr wrthyf cyn cyfarfod hen frawd tafodrydd . . . "'Rhoswch chi, ddeudis i'r stori honno am y Ciaptan yn dringo'r mast i daflu'r *currants* i'r pwdin reis?" . . . Ac eisteddem ar y sedd am awr, f'ewythr yn geg-agored wrth ochr y chwedleuwr, a minnau'n addurno'r llawr â chroen oraens.

âi â mi: byddai'n arfer mynd â fi
cyn belled â: mor bell â
daliai fy mam: roedd fy mam yn dal, (*to maintain*)
yn fy nifetha'n lân: *spoiling me completely*, (difetha—*to spoil*) cf. blino'n lân
fi geith: fi gaiff, (cael)
yn ddwys: *solemnly*
fel pe bawn: fel petawn
yn hytrach na: *rather than*
cyn gynted a(g): *as soon as*
gollyngwn: *I would release*, (gollwng)

gafael: *hold, grip*
ymbalfalu: *to fumble, to grope*
gyrru (G. C.): anfon, hala (D. C.)
aem: bydden ni'n arfer mynd
danteithion: pethau melys a blasus
tynnu sgwrs: dechrau sgwrs
heb ei ail: neb yn debyg iddo
tomen o glwydda': pentwr o gelwyddau, (*lies*)
tafodrydd: siaradus
ddeudis i? (G. C.): ddywedais i?
chwedleuwr: storïwr

35

Dim ond unwaith yr aethom allan i'r Aber yn un o'r cychod swllt-yr-awr. Tro go anffodus fu hwnnw. Yr oedd y môr yn dawel, a llithrasom yn esmwyth tros y tonnau a minnau'n gwylio traethau a chaeau Môn yn nesáu. Ond fel yr aem ymhellach o'r lan, dechreuodd y cwch anesmwytho. Daliai f'ewythr i wenu a wincio arnaf, (ond) collaswn i bob diddordeb yn fy melysion ac yn yr oraens mawr a dechreuwn deimlo bod f'ystumog yn rhyw godi a disgyn hefo'r tonnau. Yr oeddwn hefyd yn amau mai arwynebol oedd gwên a chwerthin y rhwyfwr, ac er y daliai i chwerthin a wincio, gwelwn yr edrychiad pryderus yn ei lygaid.

"Rhaid inni droi'n ôl 'rŵan, John bach," meddai o'r diwedd, "inni gael mynd i'r ciaffi am 'banad."

Tynnodd â'i holl egni ag un rhwyf er mwyn troi pen y cwch yn ôl tua'r Cei, ond cafodd gaff gwag sydyn, a syrthiodd yn bendramwnwgl rhwng y ddwy sedd ym mlaen y cwch.

"Hei F'ewyrth, y rhwyf!" gwaeddais innau. "Y rhwyf, y rhwyf!"

Ond yr oedd hi'n rhy hwyr. Cododd f'ewythr yn ôl i'w sedd i weld y rhwyf yn nofio fel pluen lathenni o'n cyrraedd.

"Diawcs, dyna'r wagan dros y doman, John bach! Be' ddywed dy fam, tybed?"

Tynnodd fel nafi wrth y rhwyf arall, ond ychydig argraff a wnâi hynny ar y cwch. Awgrymais iddo fy mod ar fynd yn sâl.

"Meddwl dy fod ti'n sâl yr wyt ti, John bach," meddai yntau. "Fel'na y bydd pobol yn teimlo ar y môr, wsti. Bwyta di'r oraens 'na 'rŵan; mi fyddi di'n rêl boi mewn munud. 'Fydd yr un llongwr go-iawn yn mynd yn sâl ar y môr, wel'di."

Profais ar unwaith nad oeddwn yn llongwr go-iawn trwy

---

anesmwytho: h.y. symud yn
  anghyfforddus
melysion: losin, da-da
amau: to doubt
arwynebol: superficial
rhwyfwr: oarsman cf. rhwyf—oar
pryderus: gofidus
egni: nerth
caff gwag: h.y. a false stroke
yn bendramwnwgl: headlong

pluen: feather
llathenni: yards
y wagan dros y doman: llanastr,
  ar ben (idiom o fyd y chwarel)
dywed: dywediff
nafi: navvy
argraff: impression
wsti (G. C.): wyddost ti,
  rwyt ti'n gwybod
go-iawn: real

36

wyro tros gefn y cwch a chael gwared o'r danteithion a fwyt-
aswn yn y trên ac ar y ffordd i'r Cei. Rhoes f'ewythr y gorau
i'w sgowlio i roddi ei law dan fy nhalcen ac i sychu fy wyneb
â'i gadach poced. Bûm yn sâl am ryw chwarter awr heb weld
dim trwy fy nagrau ond y môr gwyrddlas yn llithro'n gyflym
dan fy wyneb. Pan oeddwn yn ddigon da i eistedd i fyny ac i
edrych o'm cwmpas eto, gwelwn fod y cwch yn wynebu am y
môr agored, a'r dynion draw wrth y Cei yn ddim ond sbotiau
bychain, pell.

"Isio mam," meddwn wrth f'ewythr, gan ddechrau swnian
crio, ond peidiais yn sydyn wrth weld cwch-pysgota mawr heb
fod ymhell oddi wrthym. Gwaeddodd F'ewythr Huw "Ffaiar!"
nerth ei ben, y cri a glywai bob awr-saethu yn y chwarel. Ond
cipiai'r gwynt ei lais a'i gludo ymaith hefo'r tonnau i gyfeiriad y
môr mawr.

"'Wnawn ni foddi, F'ewyrth Huw?" meddwn innau yn
llawn dychryn erbyn hyn.

Chwarddodd yntau i'm cysuro, ond gwyddwn ei fod ar
bigau'r drain ers meitin.

"'Tasa' modd mynd allan i wthio'r hen beth, mi gwthiwn i
o adra bob cam," meddai. "Ffaiar! Help! Help!"

Chwifiodd ei het, yna ei gadach poced, wedyn ei got; ond
parhau'n ddifater yr oedd y pysgotwyr.

"Ydi'r ffyliaid yn ddall ac yn fyddar, dywed?" meddai'n
wyllt. "Help! Ffaiar! Help!"

Allan i'r môr y llithrem o hyd, er i'm hewythr dynnu ei
wasgod hefyd erbyn hyn. Yna gloywodd ei lygaid yn sydyn,
fel petai rhyw syniad newydd wedi ei daro.

"Oes 'na angor wrth y rhaff 'ma, dywed?"

---

gwyro: plygu
rhoes f'ewythr y gorau: fe
   orffennodd, (rhoi'r gorau i)
sgowlio: rhwyfo ag un rhwyf
swnian crio: gwneud sŵn crio
peidiais: stopiais
nerth ei ben: yn uchel iawn
cipiai'r gwynt: *the wind would
   snatch*, (cipio)
cludo: cario

wnawn ni foddi?: foddwn ni?
   will we drown?
dychryn: ofn mawr
cysuro: *to comfort*
ar bigau'r drain: yn nerfus iawn
'tasa': petai/petasai
difater: *unconcerned*
dywed: dyweda
gloywodd: disgleiriodd, (gloywi)
angor: *anchor*

37

"Oes, F'ewyrth," meddwn innau.

"I'r môr â fo, ynta'!"

Cododd yr angor trwm i'r sedd, a hyrddiodd ef dros ochr y cwch. Difiannodd yr angor a'r rhaff a'r cwbl i'r môr, a'm hewythr yn edrych yn hurt ar eu holau. Nid oedd pen arall y rhaff yn rhwym wrth y fodrwy haearn ar lawr y cwch.

"'Wnawn ni ddim boddi, 'wnawn ni, F'ewyrth Huw?"

"Boddi! Be' wyt ti isio i de heddiw, John bach? Wy? Teisan-bwdin? Jam mwyar-duon? Jelly?"

"Isio mynd adra, F'ewyrth Huw," oedd fy unig ateb.

"Twt! Paid ti â bod yn hen fabi, 'rŵan. A ninnau'n ddau o'r llongwrs gora' fuo' ar y môr erioed! Mi awn ni'n ôl i'r dre 'rŵan i gael clamp o de, wel'di."

Ond troes fy nychryn yn llawenydd wrth imi ganfod a chlywed cwch-pysgota mawr yn dyfod tuag atom ar ei ffordd yn ôl i'r porthladd hefo llwyth o fecryll. Neidiodd f'ewythr ar ei draed a chwifio ei het yn un llaw a'i gadach poced yn y llall; gwaeddodd hefyd ddigon i godi'r meirw.

Wedi ein rhaffu wrth y cwch-modur, llithrasom yn ôl yn esmwyth ddigon. Dechreuais i sugno fy oraens a gorweddodd F'ewythr Huw yn ôl am fygyn yng nghefn y cwch, gan gymryd arno na ddigwyddasai dim byd anghyffredin y prynhawn hwnnw.

"Paid ti â sôn gair am hyn wrth dy fam, cofia, John bach, ne' 'chei di byth ddŵad hefo mi i'r dre eto."

"Na wna', F'ewyrth Huw."

"'Fuo' ni ddim allan ar y môr, naddo?"

"Naddo, F'ewyrth Huw."

"A ddaru ni ddim colli'r rhwyf, naddo?"

---

hyrddiodd: taflodd, (hyrddio)
yn hurt: yn syn
yn rhwym: *tied*
llongwrs: llongwyr
fuo': fu/fuodd
clamp o de: te mawr
troes: troiodd
canfod: gweld
dyfod: dod
mecryll: *mackerel*
y meirw: *the dead*

rhaffu: clymu (â rhaff)
mygyn: *a smoke*
gan gymryd arno: (*he*) *pretending*,
   (cymryd ar—*to pretend*)
na ddigwyddasai: nad oedd
   (dim byd) wedi digwydd
'chei di byth: *you will never be*
   allowed, (cael)
ddaru ni ddim colli (G. C.):
   chollon ni ddim

38

"Naddo, F'ewythr Huw."

"A ddaru ni ddim colli'r angor, naddo?"

"Naddo, F'ewythr Huw."

"Eistadd wrth y Cei y buo' ni drwy'r pnawn, yntê, John bach?"

"Ia, F'ewythr Huw."

"Yn gwrando ar storïa' yr hen longwr hwnnw, yntê?"

"Ia, F'ewythr Huw."

Pwy a ddisgwyliai amdanom ar y Cei ond yr hen forwr siaradus a yrrai'r ' Ciaptan ' i ben yr hwylbren i daflu'r *currants* i'r pwdin reis. Tynnodd ei bibell allan i ddechrau ei llenwi'n bwyllog, gan sgwario yn erbyn mur y Cei a gwenu i'n croesawu.

"Yr hogyn 'ma bron â llwgu," meddai f'ewythr wrtho, ac i ffwrdd â ni i'r tŷ bwyta cyntaf ar y ffordd o'r Cei.

"Dewcs, dyna storïa' sy gan yr hen forwyr 'na i lawr yng Nghaernarfon, Elin," meddai f'ewythr wrth fy mam ar ôl inni gyrraedd adref. "Mi fuo' John bach a finna' ar y Cei drwy'r pnawn yn gwrando ar un ohonyn nhw yn deud 'i hanas."

"'Fuo' ni ddim allan ar y môr, 'mam," meddwn innau.

"Y?"

"A ddaru ni ddim colli'r rhwyf, naddo, F'ewythr Huw?"

Gafaelodd f'ewythr yn ei het oddi ar yr harmoniym a'i chychwyn hi braidd yn frysiog am y drws.

"Huw!"

"Be' sy, Elin?"

"Lle buoch chi pnawn 'ma?"

"O, dim ond eistadd yn braf wrth y Cei, wel'di, a'r hen longwr hwnnw . . . Dewcs, 'roedd ganddo fo un stori amdano'i hun yn 'Merica, hogan . . ."

"'Fuo' ni ddim mewn cwch ar y môr, 'mam. A ddaru ni ddim colli'r rhwyf na'r angor na dim byd."

Cafodd fy mam y stori i gyd oddi ar f'ewythr cyn iddo ei throi hi am ei lety, a haerai hi, yn sŵn fy nghrio i na adawai hi

---

yn bwyllog: yn araf

llwgu: eisiau bwyd yn fawr iawn

hanas: (hanes) stori ei fywyd

a'i chychwyn hi: *and made a start*

ei throi hi: h.y. troi am adref

haerai hi: roedd hi'n haeru, (*assert*)

na adawai hi: na fyddai hi'n gadael

imi fynd gydag ef i'r dref byth wedyn. Ond yr oeddwn, y mae'n bur debyg, yn llaw f'ewythr hyd y Cei neu o gwmpas y siopau neu yn y Pafiliwn y Sadwrn canlynol.

Mawr oedd fy llawenydd pan ddaeth F'ewythr Huw i fyw atom. Buasai'n cwyno ers rhai misoedd—rhyw gloffni araf yn andwyo'i gerdded. Daliasai i ddringo i'r chwarel yn araf am wythnosau lawer, ond bu raid iddo, yn y diwedd, aros gartref. Crwydrai hyd y pentref ar ei ffon, gan ymddangos mor llon ac mor ddireidus ag erioed, a phan alwai yn ein tŷ ni, uchel fyddai ei chwerthin. Ond nid aem am dro hyd fin Afon Lwyd mwy-ach, ac ni saethai f'ewythr Indiaid Cochion na hongian fel mwnci ar goeden.

Ac fel y llithrai'r gwanwyn heibio, cloffi'n fwyfwy a wnâi, a bu'n rhaid iddo roi'r gorau i'r arferiad o'm cyfarfod i o'r ysgol. Âi allan ychydig ar ddwy ffon a sefyllian yng ngwaelod y stryd tua'r adeg y deuwn adref am ginio neu de, ond aeth hyd yn oed hynny yn drech nag ef cyn bo hir.

"Chi prynu cadair, Huw Davies," meddai Doctor Andrew un diwrnod. "Chi mynd fel fflamia' wedyn drw'r pentra yn lle ista fel *broody hen all day*. Fi gwbod am un *second-hand* a chi prynu honno yn reit *cheap*."

Cyn diwedd yr wythnos honno, yr oedd f'ewythr yn mynd fel fflamia' drwy'r pentref yn ei gadair, ac yn fy nghyfarfod o'r ysgol bob bore a phob prynhawn. Yn ei gadair y bu am weddill ei oes.

A chlir yn fy meddwl yw'r bore hwnnw pan ddechreuais weithio fel "jermon", rhyw brentis o chwarelwr, hefo'm tad.

"Rhaid iti godi cyn brecwast, 'fory, John bach," meddai f'ewythr wrthyf y noson gynt.

---

yn bur debyg: mwy na thebyg
y Pafiliwn: neuadd gyngerdd
   fawr a oedd yn arfer bod yng
   Nghaernarfon
cloffni: *lameness*
andwyo: *to spoil*
ffon: *stick*
direidus: chwareus
mwyach: bellach, *any more*

cloffi: *to become lame*
yn fwyfwy: yn fwy ac yn fwy
sefyllian: sefyll o gwmpas
yn drech na: yn ormod i,
   (trechu—*to get the better of*)
fel fflamia': fel fflamiau,
   h.y. fel tân gwyllt
gweddill ei oes: *remainder of his life*

"Cyn i chi roi tro, F'ewythr Huw."

"Gawn ni weld, 'ngwas i," meddai yntau â winc fawr ar fy nhad.

Codais yn fore drannoeth, ymhell cyn i'm mam fy ngalw, a brysiais i lawr y grisiau yn fy nhrowsus melfared newydd, un a luniwyd imi gan fy mam allan o hen drowsus i'm hewythr. Pwy oedd yn y gadair-siglo, yn mwynhau cwpanaid a mygyn, ond f'ewythr Huw.

"Be' ydach chi'n wneud i fyny mor fora, F'ewythr Huw?"

"Dŵad hefo chdi i'r chwarel, debyg iawn, John bach. Dŵad i ddysgu iti sut mae naddu a hollti."

Cyn bo hir daeth fy nhad i lawr ac eistedd wrth y bwrdd i fwyta'i bowlaid o uwd trwchus a llwyaid fawr o driagl yn ei ganol. Bwyteais innau fy wy ar frys gwyllt tra oedd 'mam wrthi'n llenwi'r ddau dun bwyd. Hen dun bwyd f'ewythr oedd yr un a lanwai i mi.

"Weli di'r tolc 'na sy'n y tun bwyd, John bach?"

"Gwela', F'ewyrth Huw."

"Dyna be' sy i'w gael am fod yn ormod o lanc, wel'di."

"O?"

"D'ewyth' Huw yn mynd i'r chwaral un bora, fachgen, a hitha'n rhew ac yn farrug mawr. Ac wrth waelod y chwaral, yn ymyl Pont y Rhyd, eira wedi toddi'n bwll hir ac wedi rhewi'n wydr. Pawb arall yn 'i osgoi o, wrth gwrs, ond D'ewyth' yn trio dangos 'i hun, gan feddwl cael sglefr ar hyd y rhew. Mi *gafodd* o sglefr, a'i draed a'i dun bwyd yn yr awyr! Paid ti â thrio dangos dy hun, John bach. Ne' codwm gei di."

Cododd fy nhad oddi wrth y bwrdd a brysio i'r parlwr. Dychwelodd yn gwthio cadair f'ewythr o'i flaen.

---

rhoi tro: troi (yn y gwely), cyffro	hollti: *to split*
	ar frys gwyllt: ar frys mawr
'ngwas i: h.y. fy machgen i, (gwas—*servant*)	wrthi: *at it* (yn gwneud rhywbeth)
melfared: *corduroy*	tolc: *dent*
un a luniwyd: un a gafodd ei wneud, (llunio—*to fashion*)	a hitha: h.y. a'r tywydd
	barrug: llwydrew, *hoar-frost*
mor fora: mor fore, mor gynnar yn y bore	toddi: *to melt*
	sglefr: *a slide*
chdi (G. C.): ti	codwm: *a fall*
naddu: *to dress* (*a stone*)	

"Tyd, Huw," meddai, "ne' mi fydd hi'n ganiad arno' ni."
A chynorthwyodd f'ewythr i mewn i'w gadair.

Fel yr aem ymlaen ar hyd y ffordd, cyfarchai rhywun
f'ewythr byth a hefyd—"Hylo, 'r hen Huw!", "Pa hwyl,
giaffar?" "Dim fel codi'n fore, Huwcyn!" Ceisiai ambell un
fod yn ddigrif, wrth gwrs, a chlywn bethau fel . . . "Ewch â
fo'n ôl i'w wely, Robat Davies!" neu "Babi newydd acw,
Robat?" neu "Mynd i ddangos chwaral i'r gŵr bonheddig,
John bach?" Yr oedd gan F'ewythr Huw ateb llon a pharod i
bob un, ond sylwn, er hynny, fod y gadair yn symud dipyn yn
arafach, fel petai ei freichiau'n blino'i gyrru.

"Ga' i'ch gwthio chi am sbel, F'ewyrth Huw?"

"Cei, John bach. 'Rydw' i wedi codi'n rhy fora hiddiw
fachgan. Heb ddeffro'n iawn eto."

Gwthiais innau'n ddygn, gan geisio cadw i fyny â'm tad ac
Ifan Jones a gerddai o'n blaenau. Cymerodd f'ewythr fantais
ar y cyfle i roi cyngor neu ddau imi.

"Cofia di wrando ar dy dad pan fydd o'n egluro petha' iti—
gwrando a chau dy geg. Hefo dy glustia' mae gwrando, wsti,
ac os ceui di dy geg, aiff llwch y chwaral ddim i mewn iddi hi.
A phan fyddi di'n dechra' dysgu, paid â mynd i feddwl mai
chdi sy'n rhedag y chwaral 'rŵan; 'roedd yr hen le yno o dy
flaen di, John bach, ac mi fydd yno ymhell ar dy ôl di hefyd."

"Bydd, F'ewyrth Huw."

"Ond cofia wneud dy waith yn drwyadl, mor drwyadl â'th
dad ac Ifan Môn, dau o'r chwarelwyr gora' weli di byth."

"Rhed ar 'u hola' nhw 'rŵan, 'ngwas i," meddai wrthyf pan
oeddym wrth Bont y Rhyd, ryw ganllath oddi wrth y Neidr, y
llwybr a droellai hyd lethr y mynydd ac i'r chwarel.

---

caniad: corn y chwarel yn canu
  i ddweud ei bod hi'n bryd
  dechrau gweithio
cynorthwyodd: helpodd
  (cynorthwyo)
cyfarchai rhywun: *someone would
  greet*, (cyfarch—*to greet*)
byth a hefyd: o hyd ac o hyd
pa hwyl ?: sut hwyl ?, sut mae
  pethau

giaffar: *boss*
Huwcyn: (*an endearing form of
  Huw*)
gŵr bonheddig: *gentleman*
am sbel: am ychydig o amser
yn ddygn: *with effort*
egluro: esbonio, *to explain*
yn drwyadl: *thoroughly*
a droellai: a oedd yn troi igam-
  ogam, (troelli—*to meander*)

42

"A chofia agor dy glustia' a chau dy geg."

Troes y gadair yn sydyn yn ei hôl fel petai ar frys gwyllt, ond nid cyn imi gael cip ar y dagrau yn ei lygaid. Sylwais hefyd am y tro cyntaf, mor llwyd ac mor denau oedd ei wyneb, er imi glywed fy mam yn gofidio trosto droeon wrth fy nhad. Brysiais ar eu holau heb wybod mai dyna'r tro olaf y gwelwn i f'ewythr allan yn ei gadair.

Pan ddaethom adref am ein swper-chwarel, gwelwn ar unwaith fod rhyw bryder yn gwmwl yn llygaid fy mam.

"Be' sy'n bod, Elin?" gofynnodd fy nhad.

"Huw," meddai hithau. "Mi ddaeth adra a gofyn imi 'i roi o'n syth yn 'i wely, Robat. Ac mae o wedi pesychu lot o waed pnawn 'ma. Mi alwais i'r Doctor i'w weld o."

"Be' ddeudodd Doctor Andrew?"

"Dim llawar o ddim. Digon o orffwys, medda' fo. Deud am inni ofalu 'i gadw fo yn 'i wely."

Aethom i'r parlwr i'w weld.

"Gefaist ti swpar-chwaral, John bach?"

"Ddim eto, F'ewyrth Huw."

"Rho fwyd i'r hogyn, Elin: mae o'n siŵr o fod bron â llwgu."

"Ond dŵad i ddeud tipyn o hanas y chwaral wrthach chi gynta' yr oeddan ni, F'ewyrth."

"Mi gei di ddeud y stori i gyd, Sionyn, ar ôl iti gael swpar. Dos i'w nôl, 'rŵan, 'ngwas i. A thitha' Robat."

Rhaid oedd ufuddhau, ond ni bu cyfle y noson honno i ddweud dim o hanes fy niwrnod yn y chwarel. Yr oedd y peswch fel petai am ei fygu'n lân, ac ni châi ond ychydig funudau o lonydd ganddo.

Bu'n gorwedd ac yn pesychu felly am ryw bythefnos, a gwyddem, heb i'r Doctor ddweud gair wrthym, fod y diwedd

troes: h.y. troiodd
cip: *glimpse*
droeon: nifer o weithiau
swper-chwarel—pryd mawr poeth ar ddiwedd diwrnod o waith yn y chwarel
pryder: gofid cf. pryderus
rho!: *give*!
hanas: hanes, newyddion

Sionyn: (*an endearing form of John*)
dos (G. C.): cer (D. C.)
tithau: ti hefyd
ufuddhau: *to obey*
fel petai am: *as if it wanted to*
mygu, *to choke*
yn lân: yn llwyr cf. wedi blino'n lân
gwyddem: roedden ni'n gwybod

yn agos. Arhosais i gartref o'r capel un nos Sul i fod yn gwmni iddo, a gwrandawem ein dau ar yr emynau'n nofio atom o bell drwy'r ffenestr agored. "O llefara, addfwyn Iesu", oedd yr olaf, a hymiai f'ewythr hi'n dawel gyda'r gynulleidfa.

"Estyn fy llyfr emyna' imi, John bach."

Rhoddais y llyfr iddo, a chofiaf ddychrynu wrth syllu ar ei ddwylo tenau, tenau, gwyn. Daeth o hyd i'r emyn, a chlywn ei anadl anesmwyth yn sibrwd y geiriau:

> "O, llefara, addfwyn Iesu!
> Mae dy eiria' fel y gwin . . ."

Bu tawelwch, heb ddim ond anadlu trwm f'ewythr yn torri arno. Edrychais o'r llyfr ar y dwylo a'r breichiau ac i fyny ar yr wyneb main, llwyd. Gwenodd f'ewythr arnaf, ac yna caeodd ei lygaid, a gwlychu ei wefusau. A gwelwn ran olaf yr emyn yn ysgrifen ar y gwefusau egwan, di-waed.

> "Mae holl leisia'r greadigaeth,
> Holl ddeniada' cnawd a byd,
> Wrth dy lais hyfrytaf . . ."

Gwenodd eto ac agor ei lygaid cyn sibrwd y gair "tawel". Troes ei ben tua'r ffenestr am ennyd, fel pe i wrando ar sŵn y byd mawr tu allan, ac yna gwenodd drachefn a chau ei lygaid a sibrwd,

> "Yn distewi a mynd yn fud."

Gwelais y llyfr yn llithro i'r llawr, a gwyddwn nad oedd yn rhaid brysio am ddoctor na neb. Syrthiais ar fy ngliniau, peth

---

' O llefara, addfwyn Iesu ',
  ' Oh, speak, gentle Jesus '
cynulleidfa: congregation
dychrynu: cael ofn mawr
daeth o hyd i: fe ffeindiodd e,
  (dod o hyd i—to find)
anadl: breath (cf. anadlu—
  to breathe)
sibrwd: dweud yn dawel iawn
gwlychu: to wet
egwan: gwan iawn

"All the voices of the creation,
All the attractions of flesh and the world,
In comparison with thy sweetest voice . . ."
am ennyd: am ychydig bach o amser
fel pe: fel petai, as if it were to
drachefn: unwaith eto
"Yn distewi a mynd yn fud":
  "Become silent and mute"

na wneuthum erioed o'r blaen ond wrth ddweud fy mhader cyn cysgu, a diolchais i Iesu Grist am imi gael adnabod Huw Davies.

Cludwyd gwely f'ewythr yn ôl i'r llofft yr wythnos honno, ond gadawodd fy mam y gadair yn ei lle yng nghornel y parlwr. Ac yno y bu hi drwy'r blynyddoedd tan i Wil, hogyn Jim ac Ella, fynd â hi ymaith bore heddiw. Pan dynnai fy mam y llwch oddi ar ddodrefn y parlwr, mor dyner yr âi'r cadach tros gadair f'ewythr!

Oedais am ennyd echdoe, ar ôl claddu fy mam, wrth fedd fy ewythr. ' HUW DAVIES ', meddai'r garreg yn syml ac yn blaen.

"D'ewyrth' Huw," meddai Ifan Môn, a gydgerddai â mi drwy'r fynwent.

Nodiais gan gofio'r Sul hwnnw, dair blynedd ar hugain yn ôl, pan fu farw F'ewythr Huw.

"Dim ond chwech a deugain oedd o, Ifan Jones. A finna' wrth weld 'i gorff o mor fychan ac mor hen yn y diwadd, yn rhyw feddwl 'i fod o'n hen ddyn."

"Do, mi aeth yn fychan ac yn hen cyn marw, John," meddai Ifan Môn yn dawel. "Ond 'roedd 'i enaid o'n fawr ac yn ifanc, wel'di."

A phlygodd yn dyner i dynnu un o'r ychydig chwyn a ymwthiai drwy'r cerrig ar droed y bedd.

---

na wneuthum: h.y. na wnes i
ond: *except*
pader: gweddi
cludwyd: cariwyd (cludo)
oedais: *I lingered*, (oedi)

yn blaen: *plain*
enaid: *soul*
chwyn: *weeds*
a ymwthiai: a oedd yn gwthio'i hun

V

BWRDD Y GEGIN

Wel, dyna fore Gwener heibio, a diolch i'r nefoedd am hynny. Yr oedd y lle yma fel ffair drwy ran olaf y bore. Teimlwn yn bur euog wrth brisio a gwerthu'r hwn a'r peth arall. Ond beth arall a wnaf i hefo'r dodrefn yma ond eu gwerthu? Pe medrwn, awn â hwy i gyd hefo mi, ond nid oes le i fawr ddim yn fy llety a ffolineb fyddai imi gadw'r tŷ yma. Na, nid oes dim arall i'w wneud er mor anodd ydyw gollwng fy ngafael ar lawer dodrefnyn. Teimlwn i'r byw gynnau pan afaelodd Leusa Morgan, gwraig Now Cychod, mewn clustog a wnïwyd gan fy mam, a'i dal i fyny am ennyd cyn troi ei thrwyn a'i thaflu'n ôl yn ddiseremoni ar un o gadeiriau'r parlwr. Ydyw, y mae hi'n anodd gweld y pethau'n mynd o un i un.

Ella a wnaeth damaid o ginio imi heddiw. Aethai ei mam i edrych am ryw gyfnither iddi yr ochr draw i'r llyn.

"Ddaru 'mam sôn wrthach chi, John Davies?" meddai hi pan oedd ar ganol gosod y bwrdd.

"Sôn am be', Ella?"

"Am y bwrdd 'ma."

"Naddo, wir. Ydach chi isio bwrdd?"

"Mi fydda' i'n meddwl weithia' nad ydi o ddim llawn llathan, John Davies. Bydda', wir."

"Pwy?"

"Y Jim acw."

---

yn bur euog: yn eithaf euog (*guilty*)
prisio: dodi pris ar rywbeth
ond: heblaw, *except*
pe medrwn: petawn i'n gallu
awn â: fe fyddwn i'n mynd â
mawr ddim: *hardly anything*
ffolineb: peth twp/ffôl
gollwng fy ngafael: *to let go of my grip*

dodrefnyn: *a piece of furniture*
teimlwn i'r byw: *I felt to the quick*
gynnau: amser byr yn ôl
clustog: *cushion*
a wnïwyd: a gafodd ei wnïo (*to sew*)
ddaru 'mam sôn (G. C.): wnaeth 'mam ddweud
ddim yn llawn llathan: *not quite 16 oz.*, (llathen—*yard*)

46

"O?"

"Wyddoch chi be' wnaeth y creadur neithiwr?"

"Be', Ella?"

"Y creadur mawr dwl! Wedi eistadd ar ochor y bwrdd, os gwelwch chi'n dda, a'r ystyllan wedi rhoi o dano fo. Y *wing*, ydach chi'n dallt. ' Mi trwsia' i o iti nos 'fory pan ddo' i adra o'r chwaral, 'r hen gariad, ' medda' fo. ' Trwsio, wir! ' medda' finna'. ' Beth am y ddwy ffenast 'na sy ddim yn agor, y feis yn gollwng drwy'r dydd, y ddôr na fedar neb mo'i chau hi, y dŵr sy'n dŵad i mewn i'r llofft gefn ac i'r cwt-ieir? ' 'Thrwsiodd o ddim byd 'riocd, John Davies, dim ond malu petha'. Ac mae'r gegin acw'n edrych yn rhyfadd hefo dim ond tri-chwarter bwrdd ynddi hi."

Cydymdeimlais ag Ella a dweud bod croeso iddi gael y bwrdd ond iddi ei adael yma tan yfory.

Pan aeth hi i'r gegin fach i olchi'r llestri ar ôl cinio, syllais yn hir ar y bwrdd ag atgofion yn ffrydio i'm meddwl. Y bwrdd yw brenin y gegin, onid e? "Gosod y bwrdd", "clirio'r llestri o'r bwrdd", "gwneud lle ar y bwrdd" i rywbeth neu'i gilydd, "rhoi'r lamp ar y bwrdd" gyda'r nos. A chofiwn fel y taflwn olwg ar y bwrdd wrth ddod i mewn i'r tŷ bob amser. Y llestri gwynion arno, a'm mam yn gosod lle i dri—dyna ddydd cyffredin, y llestri gleision a lle wedi ei osod i bump neu chwech —a dyna edrych ymlaen am groesawu dieithriaid. Llyfr y siop neu'r llyfr rhent ar ei gongl, a gwyddwn fod fy mam ar gychwyn allan. Y lamp yn cael ei symud o'r bwrdd i'r harmoniym cyn ac ar ôl swper nos Lun, a dyna wybod bod fy mam am smwddio am awr neu ddwy. Prynhawn Sul, cyn yr Ysgol, fy nhad yn casglu dau neu dri o esboniadau i'r bwrdd; yna, nos

---

creadur: *creature*
ystyllan (G. C.): estyllen, *plank*
wedi rhoi: h.y. wedi torri
dallt (G. C.): deall
y feis: y tap dŵr
yn gollwng: *leaking*
llofft (G. C.): ystafell wely
cwt-ieir: sied yr ieir
malu: torri
cydymdeimlais â: *I sympathised with*, (cydymdeimlo â)

ffrydio: llifo
onid e ?: yntefe ?, *isn't it ?*
taflwn olwg ar: *I would glance at*,
(taflu golwg ar)
gwynion: gwyn
gleision: glas
dieithriaid: pobl ddieithr
h.y. ymwelwyr
esboniadau: *Biblical commentaries*

47

Sul, dim ond hanner y bwrdd yn cael ei osod i swper, a'm tad yn cymryd meddiant o'r hanner arall ar gyfer y blwch o dderw du a "llyfr cownts" y capel. Diwrnod "cynhebrwng mawr" F'ewythr Huw, cadach mawr sidan ar ganol y bwrdd ac ugeiniau o bobl, un ar ôl un, yn taro chwech neu swllt arno, tuag at dreuliau'r angladd.

Gynnau, codais y lliain i edrych a oedd y marciau ar y bwrdd o hyd, ôl hoelion a phedolau fy esgidiau pan oeddwn i'n hogyn-ysgol. Cofiaf fy mam yn dod i mewn i'r gegin yn sydyn, ac yn meddwl fy mod yn dechrau colli arnaf fy hun wrth fy ngweld yn trio dawnsio ar ben y bwrdd. Dychwelasai hi braidd yn annisgwyl a'm cael yn dilyn, yn fy esgidiau hoelion-mawr, gyfarwyddiadau Joe Hopkins.

Hogyn ar gyrraedd fy neuddeg oed oeddwn i pan ddaeth Joe Hopkins i'r pentref yn actor hefo *Ted Winter and Winter's Grand Repertory Company.* Pam (yr ymwelodd) Winter a'i griw ag ardal mor Gymreig â Llanarfon, ni wn, ond cawsant dderbyniad gwresog ar y cychwyn, a thyrrai'r bobl i'r Neuadd i weld mwrdwr ar ôl mwrdwr ar y llwyfan. Dyn ifanc tal, tenau, oedd Winter, ac ef a gymerai ran yr arwr bob tro, a'i briod yn actio'i gariad neu ei wraig fel y byddai gofyn y ddrama. Y dyhiryn bob gafael oedd Joe Hopkins. Ac ef, druan ar ddiwedd pob chwarae, a gâi fwled neu gleddyf drwy ei galon

---

cymryd meddiant: *to take possession of*
blwch: bocs, h.y. bocs casglu'r capel
cownts: *accounts*
cynhebrwng (G. C.): angladd
ugeiniau: *scores*
yn taro: yn dodi
treuliau: costiau
gynnau: ychydig o amser yn ôl
ôl hoelion: marciau hoelion, *nail marks*
pedolau: haearn dan esgid
colli arnaf fy hun: h.y. yn mynd yn wallgof
dychwelasai: roedd hi wedi dod 'nôl, (dychwelyd)

braidd yn annisgwyl: *rather unexpectedly*
a'm cael: ac yn fy ffeindio
cyfarwyddiadau: *instructions*
ni wn: wn i ddim
cawsant: h.y. fe gawson nhw
derbyniad gwresog: *a warm reception*
tyrrai'r bobl: *people flocked* (tyrru)
arwr: *hero*
priod: *spouse*
gofyn: *demands*
dyhiryn: *rascal*
bob gafael: bob tro, bob cyfle
chwarae: drama
a gâi: a fyddai'n cael

48

ac a welid yn hongian yn feddw ar draws y llwyfan cyn syrthio fel sach i'r llawr.

Coliar o Dde Cymru oedd Joe, ond gadawsai'r lofa, yn gymharol ifanc, i fynd yn ganwr ar lwyfannau rhai o'r *music halls* yn Llundain. Ond go brin oedd yr arian a cheisiodd ennill gwell tamaid—a thorri ei syched—trwy droi'n dipyn o actor yn ogystal â chanwr. Ond fel yr heneiddiai, ychydig o waith—ac o ddiod—a gâi Joe, a dechreuodd feddwl am ei throi hi'n ôl i'r Cwm ac i'r lofa, er y gwyddai ei fod, bellach, yn rhy dew ac yn rhy feddal i dorri glo a gwthio dram. Cyfarfu â Winter mewn rhyw dafarn un noson, a chytunodd, uwchben peint neu ddau o'r cwrw gorau, i ymuno â'i gwmni a theithio gyda hwy.

Bu rhyw bythefnos o garu a chynllwynio yn Saesneg yn ddigon i'r ardal, ac âi'r Neuadd yn wacach, wacach. Tua diwedd y drydedd wythnos aeth Winter a'i actorion ymaith— gan anghofio talu am fenthyg y Neuadd. Ond gadawsant Joe Hopkins ar eu holau, yn belican unig a sychedig ar ganol yr ysgwâr wrth Siop y Gongl. Yno y treuliai ei ddyddiau, yn troi ei lygaid mawrion i fyny ac i lawr y Stryd Fawr fel un ag awdurdod plismon ganddo.

Cwmni Joe bob amser oedd ei gi, Sam. Os oedd y meistr yn dew, tenau iawn oedd y ci, ond yr oedd ganddo yntau bâr o lygaid mawr, syn. Nid âi Joe i unman heb Sam—ac nid âi Sam i unman heb Joe. Eisteddai wrth ochr ei feistr ar yr ysgwâr gerllaw Siop y Gongl, a throai yntau ei lygaid mawr i fyny ac i lawr y stryd bob tro y gwnâi ei feistr hynny.

Bu Joe a Sam yn rhyw sefyllian ar yr ysgwâr neu wrth far y *Red Lion* am bythefnos gyfan, a Joe yn edrych yn fwy tlodaidd a di-raen o ddydd i ddydd. Yna, ar ddiwedd yr ail wythnos,

---

49

cyhoeddodd hysbysiad mawr ym mhob siop yn yr ardal fod *Joe Hopkins and Co.* yn agor LIVING PICTURES yn y Neuadd y nos Lun ganlynol. Sam, y mae'n bur debyg, oedd yr *"and Co"*. A'r nos Lun a ddaeth. Rhoes Joe sylltyn i ryw fachgen am dderbyn y chwechau wrth y drws, a safai yntau gerllaw yn gwenu a moesymgrymu i bawb o unrhyw bwys. Yna, ryw ychydig wedi saith, camodd yn y tywyllwch i lawr o'r llwyfan at y peiriant a safai ymhlith y seddau cefn. A throai Joe handl y peiriant nes ei fod yn chwys diferol.

Denodd y peiriant a'r darluniau lond y lle o bobl i'r Neuadd bob nos am wythnos gyfan, a breuddwydiai Joe Hopkins freuddwydion melys am ei fywyd newydd. Ond tua chanol yr ail wythnos, dechreuodd breuddwydion Joe am gyfoeth bylu. Hanner gwag oedd y Neuadd, ac aeth pethau o ddrwg i waeth erbyn diwedd yr wythnos. Beth oedd yn bod ar y bobl? Oni wnâi ef ei orau glas iddynt? Beth a ddisgwylient am chwe cheiniog, a grôt? Yr oedd hi'n wir y torrai'r ffilm yn bur aml a bod aros go hir rhwng pob llun; gwir hefyd y dangosai *"White-washing the Sweep"*, yr unig lun a oedd ganddo wrth law, bron bob nos i lenwi rhyw fwlch neu'i gilydd. Crafodd Joe ei ben i geisio darganfod rhyw ffordd o ddenu'r dyrfa i'r Neuadd.

O'r llu o fechgyn a dyrrai o amgylch Joe—gan obeithio cael mynediad rhad ac am ddim i'r Neuadd—myfi a Dic Ifans oedd y ddau ffefryn ganddo. Galwodd Joe ni ato un diwrnod ar ôl ysgol a dweud bod arno eisiau ein cymorth, trwy greu, o'r tu ôl i'r llen, sŵn addas ar gyfer pob llun.

---

hysbysiad: *announcement*
yn bur debyg: *likely*
sylltyn: darn swllt
chwechau: chwe cheiniogau
moesymgrymu: *to bow*
pwys: pwysigrwydd, *importance*
ymhlith: yng nghanol
yn chwys diferol: yn wlyb gan
   chwys (*sweat*)
denodd: *attracted*, (denu)
llond y lle: lle llawn
cyfoeth: arian mawr
pylu: *to dim*
gorau glas: *very best*

grôt: pedair ceiniog
wrth law: *as a standby*
bwlch: lle gwag
tyrfa: llawer o bobl
llu: nifer mawr
a dyrrai: a oedd yn casglu,
   (tyrru—*to flock*)
mynediad: mynd i mewn
rhad ac am ddim: heb dalu
ffefryn: *favourite*
cymorth: *help*
creu: *to create*
addas: *suitable*

A'r wythnos wedyn, dyna lle'r oeddwn i a Dic Ifans yn curo dau hanner cneuen goco wrth ei gilydd bob tro y carlamai cowboy neu Indiaid ar draws y llen, neu'n taflu clamp o foncyff i gafn o ddŵr pan syrthiai rhywun i fôr; canem fel ceiliogod, cyfarthem fel cŵn—yn wir, yr oeddym fel dau fwnci ysgafndroed swnllyd y tu ôl i'r llen. Ond syrthiai'r blocyn i'r dŵr eiliadau yn rhy hwyr yn bur aml. A deuai "Rhy hwyr, Johnny" neu "Deffra Dic", yn uchel o blith y seddau blaen.

Nid ychwanegodd ein hymdrechion at nifer y gynulleidfa, a chrafodd Joe ei ben eilwaith. Ymgynghorodd hefyd â rhai o'i gyfeillion doeth yn y *Red Lion*, a'u barn hwy oedd mai'r aros hir rhwng pob darlun ydoedd y gwendid mawr. (Roedd rhaid cael syniad arall). Pan ddaeth Dic Ifans a minnau adref o'r ysgol am damaid o ginio (un diwrnod), cyhoeddodd Joe wrthym fod ganddo anrhegion inni ac yr hoffai ein gweld amser te.

Hir fu'r ddwyawr tan ddiwedd y prynhawn. Aethom yn syth o'r ysgol i'r Neuadd, ac arweiniodd Joe Hopkins ni i'r ystafell fechan oedd ganddo y tu ôl i'r llen. Ar y bwrdd, yn barod inni eu gwisgo, yr oedd dau bâr o esgidiau-dawnsio. Eglurodd ei fod am hyfforddi Dic a minnau (i) ddiddori'r gynulleidfa rhwng pob darlun. Buom yn y Neuadd bob gyda'r nos yn ystod yr wythnos honno, ac er bod yr esgidiau-dawnsio braidd yn fawr inni, llwyddodd ein traed i ddenu'r glep o'r gwadnau'n bur fedrus, a rhwbiodd Joe ei ddwylo ynghyd â boddhad mawr. Cyn diwedd yr wythnos symudodd fwrdd i ganol y llwyfan, ac uchel oedd ei glod a'i gymeradwyaeth wrth ein gwylio'n dawnsio arno. Oeddym, yr oeddym yn ddigon da

---

clamp o foncyff: darn mawr o
  bren cf. clamp o ginio
cafn: *trough*
cyfarthem: bydden ni'n cyfarth,
  (*to bark*)
eiliadau: *seconds*
o blith: o ganol
nid ychwanegodd . . . : *didn't*
  add, (ychwanegu)
ymdrechion: *efforts*
eilwaith: yr ail dro

ymgynghorodd: gofynnodd am
  gyngor, (*advice*)
gwendid: *weakness*
eglurodd: *he explained*, (egluro)
hyfforddi: *to train, to instruct*
diddori: *to entertain*
clep: *clack*
gwadnau: gwaelod yr esgid
yn bur fedrus: *quite skilfully*
boddhad: *satisfaction*
clod: *praise*
cymeradwyaeth: *applause*

51

i ymddangos o flaen unrhyw gynulleidfa, ac aeth Joe i'r *Red Lion* i ordro peint i bawb a ddigwyddai fod yno.

Yn ffodus i Dic a minnau—ac i enw da ein rhieni—ni bu galw am ein gwasanaeth fel dawnswyr. Yr oeddym i gychwyn ar ein gyrfa gyhoeddus y nos Lun ganlynol, ond hysbysodd Joe ni gyda'r nos fod ei ffilmiau heb gyrraedd er iddo yrru tri theligram i'r dosbarthwyr yn Llundain. Cafodd lythyr swta drannoeth yn gofyn iddo dalu ei ddyledion yn gyntaf, a sylweddolodd Joe fod y byd yn ei erbyn unwaith eto. Damo, 'roedd ymhell o flaen ei oes, dyna'r drwg, 'roedd genhedlaeth neu ddwy o flaen ei oes. Gwerthodd Joe ei beiriant a phopeth arall er mwyn cael arian i droi'n ôl i'r Cwm at ei frawd.

Ydyw, y mae ôl fy esgidiau hoelion-mawr ar wyneb yr hen fwrdd o hyd, o dan y lliain pinc. Ond nid oes arno ddim o ôl y nosweithiau ofnadwy hynny pan roddai'r meddyg neu'r nyrs y nodwydd ddur ym mraich fy mam. Dyna, am a wn i, yr atgof mwyaf poenus, sydd gennyf am y bwrdd. Aethai fy mam i wneud jam yn y gegin fach un noson, ac wrth iddi wyro i bwnio'r tân digwyddodd gyffwrdd â'r sosban, a syrthiodd llif berwedig ar ei braich chwith. Yr oeddwn i allan ar y pryd, ond pan ddychwelais, gwelwn fod fy mam druan mewn poenau arteithiol. Daeth Doctor Andrew i'w gweld ar unwaith, ac am rai wythnosau wedyn galwai ef neu'r nyrs bob gyda'r nos. Cliriwn i a'm tad y bwrdd tua chwarter i saith, rhoi lliain glân ar ei gongl, gofalu am ddysglaid o ddŵr cynnes i wlychu a rhyddhau'r hen rwymau, cael y rhwymau newydd—fel rheol,

---

gyrfa: *career*
canlynol: *following*
hysbysodd Joe: *Joe informed,*
  (hysbysu)
dosbarthwyr: *distributors*
swta: *short and to the point*
drannoeth: y bore/dydd wedyn
dyledion: *debts*
damo!: *damn it!*
oes: *age*
cenhedlaeth: *a generation*
ôl: *mark, trace*

nodwydd ddur: *steel needle*
am a wn i: *as far as I know*
atgof: *memory*
gwyro: *plygu*
pwnio: procio, *to poke*
llif berwedig: *boiling liquid*
poenau arteithiol: poenau
  ofnadwy
dysglaid: llawn bowlen
rhyddhau: gwneud yn rhydd
  (*loose*)
rhwymau: *bandages*

52

cydau blawd wedi eu golchi a'u berwi'n wyn—a phowlen i ddal yr hen rai yn barod.

Rhyw ddeunaw oed oeddwn i pan roed yr hen fwrdd i'r defnydd hwn. Y mae bachgen yn ddyn hynod eofn yn ddeunaw oed, ac yn enwedig bachgen o chwarelwr wedi hen arfer, bellach â hongian ar y rhaff i dyllu a saethu darnau go beryglus o'r graig, ond pan alwai'r meddyg i drin braich fy mam, y mae'n rhaid imi gyfaddef fy mod i fel babi.

Sleifiwn allan i'r cefn gan geisio meddwl am bopeth ond yr hyn a âi ymlaen ar fwrdd y gegin. Pan glywn i ddrws y ffrynt yn clepian, brysiwn yn ôl i'r tŷ i gynorthwyo fy nhad i glirio'r bwrdd a pharatoi cwpanaid o de a thamaid o swper i'm mam.

Dyna lle byddai'r ddau ohonom fel dau was mewn gwesty yn ' dawnsio tendans ' ar fy mam. Rhoem 'baned o de iddi yn gyntaf, ac yna ei gyrru i'r gwely tra paratoem ryw fath o swper iddi hi ac i ni ein hunain. Fy nhad fyddai'r prif was. Rhuthrai i waelod y grisiau bob hyn a hyn i ofyn cyngor neu wybodaeth gan fy mam. "Ydi'r dŵr yn berwi, John? Wel, rho'r wyau yn y sosban 'ta'. Gofala di 'rwan; gofala. Paid â'u taflu nhw i mewn. Hwda, dyma iti lwy; rho di nhw fesul un yn hon. Reit . . . Ara' deg 'rwan . . . ara' deg . . . ara' deg. Dyna ti; i mewn â fo. Reit; dyma'r ail wy iti. Estyn y llwy 'na. Ara' deg eto, John, ara' deg. Daria, dyna ti wedi'i dorri o, yr ydw' i'n siŵr. Aros am funud inni gael gweld. Na, mae o'n gyfa' ne' mi fuasa' wedi rhedag allan erbyn hyn, wel'di. 'Rwan, y trydydd wy, yr wy bach brown hwnnw. Lle rhois i o, dywed?

---

cydau blawd: *flour sacks*
powlen: *bowl*
rhoed: rhoddwyd
hynod eofn: *remarkably brave*
bellach: erbyn hyn(ny)
tyllu: torri twll
trin: *to treat*
cyfaddef: *to admit*
sleifiwn: *I would slink*, (sleifio)
yn clepian: *slamming*
cynorthwyo: helpu
gwas: h.y. *waiter*
rhoem: h.y. bydden ni'n rhoi

paratoiem: h.y. bydden ni'n paratoi
bob hyn a hyn: nawr ac yn y man
gwybodaeth: *information*
hwda (G. C.): cymera, hwre (D. C.)
fesul un: un ar y tro
ara' deg (G. C.): araf deg, gan bwyll (D. C.)
daria!: *drat it!*
cyfa': cyfan

53

'Roedd o ar y bwrdd 'ma funud yn ôl. Ydi o gen' ti? Wyt ti'n siŵr na roist ti mono fo yn y sosban? Daria, dyma fo, fachgan yn fy mhocad i. Dal y llwy i'w roi o yn y sosban. Reit. I mewn â fo. Ara' deg eto, John, ara' deg. Wel, dyna'r tri i mewn, fachgan. Aros di, faint ydi hi o'r gloch, dywed? Chwarter i wyth i'r funud. Cadw di dy lygaid ar y cloc 'rwan . . . Pedwar munud, yntê, Elin? . . . 'Ron i'n meddwl 'mod i'n iawn. Chwartar i wyth a phedwar munud, dyna . . . dyna un munud ar ddeg i wyth. Rhaid inni ofalu'u tynnu nhw un munud ar ddeg i wyth, John. Twt, be' mae'r merched 'ma yn gwneud cymaint o ffys am gadw tŷ, dywed? Aros di, roist ti ddŵr yn y tegell inni gael 'paned? Wel, na, mae o'n wag, fachgan. Llanwa fo, John; mi gadwa' i fy llygaid ar y cloc am funud . . . Oes 'na ragor o halen yn y tŷ 'ma, Elin? Ymh'le? Wel, dyna le dwl i gadw halen. Lle mae'r pupur hefyd, Elin? . . . 'Wn i ddim lle i roi fy llaw ar ddim yn fy nhŷ fy hun . . . Mae arna' i ofn bod y llefrith 'ma wedi suro, Elin. Y? Tun o gondense? Ymh'le? . . . Dos i 'nôl tun o gondense o'r silff ucha' yn y cwpwrdd dan grisia', John . . . Lle 'rwyt ti'n cadw'r peth agor tunia', Elin? Yn y drôr? Reit . . . Estyn y tun-opnar o'r drôr 'na imi, John. Na, agor di'r tun tra bydda' i yn torri tipyn o fara-'menyn. Mi gawn ni champion o swpar 'rŵan, wel'di. Tyd â phot jam hefo chdi pan fyddi di wedi gorffen agor y tun 'na. A thamaid o gaws hefyd. 'Rargian, ydi'r wyau 'na'n dal i ferwi gen'ti o hyd? A finna' wedi gofyn iti gadw dy lygaid ar y cloc. Un munud ar ddeg i wyth ddeudis i wrthat ti. Un munud ar ddeg i wyth, a dyma hi bron yn wyth bellach. On'd wyt ti yn un da i helpu dy dad? Estyn wy arall inni gael ei ferwi o i dy fam, a rho fo ar y tân tra bydda' i'n torri bara-'menyn go dena' iddi hi. Tyd, cyffra, John . . ."

Ac wedi'r holl ffwdan eisteddem i lawr, a hithau'n tynnu at naw o'r gloch, wrth fwrdd heb liain arno i fwyta dau wy fel

---

dwl: twp
ar ddim: *on anything*
llefrith (G. C.): llaeth
suro: *to turn sour*
tyd â (G. C.): dere â (D. C.),
   bring !

cyffra: *stir* ! *move* ! (cyffro)
ffwdan: *fuss*
a hithau'n tynnu at: h.y. *and
   the time getting on for*

bwled a bara-ymenyn fel gwadnau clocsiau, ac i yfed te â blas mwg yn gryf arno. Na, nid ydym ni'r chwarelwyr o fawr werth yn y tŷ, y mae arnaf ofn. Cofiaf mor falch oeddym o'r cyfle i ymddiswyddo pan wellhaodd fy mam; yn wir, teimlem fel dau forwr yn croesawu'r llong-achub ar draeth rhyw ynys anial.

Go debyg, y mae'n bur sicr, fydd helyntion Jim a Wil uwchben yr hen fwrdd os digwydd i Ella gael pwl o afiechyd. Petai bwrdd yn medru chwerthin, mi chwarddai hwn wrth glywed Jim—yn hanner-meddw, efallai—yn gosod swper ac yn rhoddi gwersi i Wil yn y gelfyddyd o gadw tŷ. Os clywaf ryw noson fod Ella'n wael, mi biciaf draw i edrych am Jim ac i'w weld ef a Wil yn arlwyo gwledd ar yr hen fwrdd.

---

clocsiau: *clogs*
blas mwg: *taste of smoke*
o fawr werth: *of much use/value*
gwellhaodd: gwellodd,
  (gwella—*to improve*)
anial: *deserted*
helyntion: trafferthion, *troubles*

pwl o afiechyd: *a bout of poor
  health*
celfyddyd: *art*
mi biciaf draw (G. C.): *I'll pop
  over*, (picio)
arlwyo gwledd: paratoi pryd
  mawr o fwyd

VI

LLESTRI TE

Pan osodai'r bwrdd i de, taflodd Ella olwg hiraethus i gyfeiriad y llestri sydd ar silff uchaf y cwpwrdd gwydr. "Be' 'newch chi hefo'r llestri crand 'na, John Davies?"

"Mynd â nhw hefo mi, Ella, 'wna' i ddim gwerthu'r rheina." Tawodd hithau, a gwelwn oddi wrth ei phrysurdeb yn paratoi'r bwrdd i de, a'r modd yr oedd ei llygaid yn osgoi edrych arnaf, y teimlai'n ddig wrthi ei hun am dynnu fy sylw at y llestri.

"Y mae'n ddrwg gen' i imi sôn am y llestri wrthoch chi, John Davies," meddai ymhen ennyd. "Yr ydw' i yn un ddifeddwl, on'd ydw'?"

Chwerddais innau, a dweud nad oedd yn rhaid iddi ei beio'i hun o gwbl.

"Pan fydd rhyw ferch ifanc go smart yn galw i'm gweld yn fy llety, Ella, mi rown ni'r llestri crand 'na ar y bwrdd," meddwn.

Crwydrai fy llygaid o'r bwrdd i silff uchaf y cwpwrdd gwydr trwy amser te. Ac wedi imi orffen bwyta, eisteddais yn ôl yn fy nghadair a syllu'n hir ar y llestri a'u rhosynnau hardd. Cofiwn y diwrnod yr aeth fy mam a'm tad i Gaernarfon i'w prynu yn anrheg priodas imi.

Diar annwyl, y mae'r dyddiau hynny fel doe er i bymtheg mlynedd lithro ymaith. Yr oeddwn i newydd gyrraedd fy nhair ar hugain, a thros fy mhen a'm clustiau mewn cariad. Am Nel y meddyliwn drwy'r dydd wrth fy ngwaith, ac fel yr hiraethwn am i gorn y chwarel ganu ar ddiwedd y prynhawn imi gael brysio adref i lyncu tamaid cyn cychwyn dros y mynydd i'w gweld! Cyn hynny, cerddaswn adref hefo'm tad

---

golwg: edrychiad, *look*
crand: *grand, splendid*
tawodd: tawelodd, (tewi)
prysurdeb: *hurry*
modd: ffordd
yn ddig: yn grac

difeddwl: *thoughtless*
beio: *to blame*
llyncu tamaid: h.y. *to swallow*
  a bite
hefo'm (G. C.): gyda fy

ac Ifan Jones bob dydd, ond brysiwn o'u blaenau yn awr. Yn wir, byddwn hanner ffordd i fyny i'r mynydd cyn i'm tad orffen bwyta'i swper-chwarel. Cyflym yw traed llanc mewn cariad. Clir yw'r atgof am ei chyfarfod gyntaf. Yr oedd eisteddfod yn Llanybwlch, ac euthum yno i gystadlu ar adrodd. Cofiaf ddringo llwybr y mynydd y prynhawn Sadwrn hwnnw o wanwyn, ac adrodd englynion R. Williams Parry ar ôl Hedd Wyn wrth y grug a'r creigiau ar fin y ffordd. Enillaswn ar y darn mewn eisteddfod yn Llanarfon, ac un diwrnod yn y chwarel, cymhellodd fy nhad ac Ifan Môn fi i ymgeisio yn Llanybwlch.

"'Fyddi di ddim gwaeth o drio, wel'di," meddai fy nhad. "'Rwyt ti'n bownd o ennill, John," meddai Ifan Jones.

Bûm yn adrodd bob gaeaf am flynyddoedd yn eisteddfodau'r pentref, ond ni fentrais y tu allan i'r ardal. Yn wir, gan fod eisteddfodau yn Llanarfon yn weddol aml, ni feddyliais am ymgeisio yn unman arall hyd nes i'm tad ac Ifan Môn fy nghymell i fynd tros y mynydd i Lanybwlch ar y prynhawn Sadwrn braf hwnnw o wanwyn.

Cyrhaeddais festri'r capel yn Llanybwlch tua dau, a'r rhagbraw ar ddechrau. Gwelwn fod rhyw ddwsin ohonom yn cystadlu, ond nid adwaenwn un o'r lleill. Eisteddais, braidd yn unig a digyfaill, ar sedd wrth y drws.

Wrth fy ochr i yr oedd merch o'r enw Nel Owen. Eisteddais braidd yn swil wrth ei hymyl, ond cyn bo hir sibrydodd,

"Mae arno' ni i gyd eich ofn chi."

---

cystadlu: *to compete*
adrodd: *recitation*
englynion: *alliterative stanza*
Hedd Wyn (1887-1917) : Bardd o Drawsfynydd a fu farw yn y Rhyfel Byd Cyntaf. Ysgrifennodd R. W. P. (1884-1956) englynion coffa iddo.
grug: *heather*
enillaswn: roeddwn wedi ennill
darn: (*set*) *piece*
cymhellodd fy nhad: *my father coaxed*, (cymell)

ymgeisio: trio
'fyddi di ddim gwaeth . . . *you won't be (any) worse off*
yn bownd o: *yn siŵr o*
bûm: h.y. bues i
ni fentrais: *I did not venture*, (mentro)
rhagbrawf: *preliminary round*
nid adwaenwn: doeddwn i ddim yn adnabod
digyfaill: heb ffrind
swil (yswil): *shy*
sibrydodd: *she whispered*, (sibrwd)

57

"Fy ofn i? 'Rargian, pam?"

"Am i chi ennill ar y darn yma yn Llanarfon."

"Pwy ydi'r beirniad 'ma?" sibrydais.

"Ifan Ifans o Lanybwlch 'ma."

"O?"

"Fo sy'n hel siwrin yma. 'Ŵyr o ddim mwy am adrodd na dylluan."

Anniddorol fu gweddill y prynhawn. Taranodd y rhan fwyaf o'r ymgeiswyr eu teyrnged i Hedd Wyn, ac wedi i bawb adrodd, gwthiodd y beirniad bapur bach i'r ysgrifennydd. "Y mae'r tri a ganlyn i ymddangos ar y llwyfan yn yr eisteddfod heno," meddai hwnnw. "Tegwen Eryri, Ioan Llwyd ac O. P." Ac yna, ar yr un gwynt, "'Paned o de i bawb yma, yn y festri, am hannar awr wedi pedwar."

Aeth Nel a minnau allan gyda'n gilydd.

"Ydach chi am aros i'r te yn y festri?" gofynnais.

"A finna'n byw yma! Na, yr ydw' i'n mynd adra i de."

"Lle ydach chi'n byw?"

"Tanyrafon. I fyny acw ar waelod y Bwlch."

"Mi ddo' i hefo chi ran o'r ffordd, os ca' i."

Wedi cerdded tua hanner milltir, oedasom ar y bont garreg a groesai'r afon.

"Rhaid i chi fynd yn ôl 'rŵan," meddai'r ferch, "rhag i 'nhad eich gweld chi."

"O'r gora'. Ond fyddwch chi yn y 'steddfod heno?"

"Bydda', wrth gwrs."

"Ddowch chi i eistadd hefo mi?"

"'Fedra' i ddim, wir. Mae'n rhaid imi eistadd hefo 'nhad a 'mam."

"Ga i'ch gweld chi ar ôl y steddfod, ynta'?"

---

beirniad: *adjudicator*
hel (G. C.) siwrin: *collect insurance*
'ŵyr o ddim: dydy e ddim yn gwybod
tylluan: gwdihw
gweddill: *remainder*
taranodd: h.y. gwaeddodd, (taranu—*to thunder*)

ymgeiswyr: y bobl sy'n trio
teyrnged: *tribute*
a ganlyn: *that follow*
gwynt: anadl
os ca' i: *if I may*, (cael)
oedasom: fe arhoson ni, (oedi)
rhag (i): *in case*

"Mi fydd hi'n hwyr iawn arnoch chi, a chitha' isio cerddad adra bob cam i Lanarfon."

"Dim ods am hynny."

"Mi fydda' i'n eistedd uwchben y cloc, yn y galeri. Mi dria' i sleifio allan cyn y diwadd. Wel, rhaid imi roi râs 'rwan."

Cychwynnais innau yn ôl tua'r festri, ond trois ymhen ychydig i'w gwylio'n dringo'r llwybr drwy'r caeau tua'r tyddyn gwyn ar lethr y Bwlch. Troes hithau ei phen, a chwifiais fy llaw arni. Chwifiodd hithau'n ôl.

Euthum i eistedd i ochr y galeri yn y capel er mwyn cadw fy llygaid ar y seddau uwchben y cloc. Cyn bo hir gwelwn Nel yn dod i mewn ar ôl ei mam a'i thad, ac wedi iddi eistedd yng nghongl ei sedd gwenodd arnaf.

Araf fu'r hwyrnos honno imi, a gwrandawn ar y canu a'r adrodd a'r beirniadu ag un llygad o hyd ar y cloc ac ar yr het las yn un o'r seddau uwchlaw iddo. O'r diwedd, pan oedd y côr cyntaf yn tyrru tua'r llwyfan, gwelwn yr het las yn codi a'i pherchen yn ei gwneud hi am y drws. Gafaelais innau yn fy nghap a tharo fy nghot tros fy mraich, a brysio allan. Deliais Nel ar risiau'r galeri, ac aethom i lawr a thrwy'r drws hefo'n gilydd.

Yr oedd lleuad newydd fel pe wedi ei hongian mewn coeden heb fod ymhell o'r capel. Aethom i oedi o dan y goeden honno, gan wrando ar y côr cyntaf yn canu "Yr Haf" yn yr eisteddfod.

"Yn y chwaral yr ydach chi'n gweithio?"

"Ia," atebais. "Ar y ffarm gartra yr ydach chi?"

"Na, teachio ydw' i."

"O? Ymh'le?"

"Yma, yn Llanybwlch. *Uncertif*."

"Be' ydi hynny?"

"Heb fod yn y Coleg. Ond mae Hywel yn mynd i'r Coleg y flwyddyn nesa'."

"Pwy ydi Hywel?"

---

troes: h.y. troiodd
chwifiais fy llaw: codais fy llaw, (chwifio)
hwyrnos: noson
beirniadu: *adjudication*

uwchlaw: uwchben
perchen: *owner*
fel pe: fel petai
teachio: h.y. dysgu

59

"Fy mrawd. Mae o yn y Cownti yng Nghaernarfon ac yn eistadd 'i *Higher* 'leni."

"Oes gynnoch chi frawd heblaw Hywel?"

"Tri. Dafydd, newydd ddechra' yn y Cownti, a Hannah ac Ifan yn yr ysgol lle 'rydw i. Mae Ifan yn fy nosbarth i. Cena' bach ydi o hefyd." A chwarddodd wrth feddwl am ei brawd.

Buom yno, o dan y goeden, nes i'r gynulleidfa ddechrau llifo allan o'r eisteddfod. Addawodd fy nghyfarfod yng Nghaernarfon y Sadwrn wedyn, a brasgemais innau yn llon hyd ffordd y mynydd tuag adref.

"Mae arna' i ofn fod John 'ma mewn cariad, Robat," oedd sylw Ifan Môn droeon wrth fy nhad yn y chwarel yn ystod yr wythnos wedyn. Yr oeddwn mewn cariad, dros fy mhen mewn cariad, ac araf y llusgai'r dyddiau tua'r Sadwrn a'r siwrnai i Gaernarfon.

Safwn ar Faes y dref hanner awr cyn i fws Llanybwlch gyrraedd y prynhawn Sadwrn hwnnw.

"I ble'r awn ni?" meddai Nel, wedi iddi ddisgyn o'r bws.

"I lawr i lan y môr."

Yr oedd hi'n ddiwrnod braf, a haul y gwanwyn yn chwarae ar yr Aber ac yn ddisglair ar draethau Môn.

"Beth am fynd allan ar y cwch am awr?"

"Mi fyddai'n braf," meddai Nel.

Go yswil a thawedog y buaswn ar y ffordd i'r Cei, ond yn y cwch, dug atgofion am y prynhawn hwnnw ar y môr yng ngofal F'ewythr Huw wên i'm hwyneb. Gwelodd Nel y wên, a dywedais yr holl stori wrthi. Yn wir, am F'ewythr Huw y bu'r sgwrs drwy'r rhan fwyaf o'r prynhawn.

"Piti, yntê?" meddai hi yn sydyn pan oeddym bron â chyrraedd yn ôl i'r Cei.

"Be'?"

---

cena' bach (G. C.): cenau, h.y. *rascal*
buom ni· h.y. buon ni
addawodd: *she promised*, (addo)
brasgemais: cerdded â chamau mawr, (brasgamu)
sylw: *observation*
droeon: nifer o weithiau

llusgai'r dyddiau: roedd y dyddiau'n llusgo, (*to drag*)
siwrnai: taith
Maes: sgwâr Caernarfon
tawedog: eithaf tawel
dug atgofion: *memories brought*, (dwyn—*to bring*)
oeddym: h.y. oedden ni

"Iddo fo farw mor ifanc."

"F'ewythr Huw?"

"Ia. 'Roeddach chi'n hoff iawn ohono fo, on'd oeddach?
Mae o'n swnio'n un tebyg iawn i 'nhad. Mi fedra' i ddychmygu
'nhad yn gwneud popeth y daru chi sôn am eich ewyrth yn 'i
wneud. Yn enwedig colli'r rhwyf." A chwarddodd, ond gwelwn
fod rhyw gysgod tu ôl i'r chwerthin.

"Be' sy?" gofynnais.

"Be'?"

"'Rydach chi'n drist iawn wrth sôn am eich tad. Oes 'na
rywbath yn bod?"

"Oes. 'Dydi o ddim hanner da. 'I galon o, medda'r doctor.
Mae o yn y dre'r pnawn 'ma yn gweld doctor arall."

"O?"

Rhygnodd y cwch yn erbyn mur y Cei, a dringasom ohono a
brysio i fyny'r ffordd tua'r tŷ-bwyta. Safodd Nel yn stond yn
y drws, a chydiodd yn fy mraich.

"'Nhad!" meddai, gan droi i'w gwadnu hi ymaith.

Ond yr oedd hi'n rhy hwyr. Cefais gip ar rywun wrth fwrdd
heb fod ymhell o'r drws a chwifio'i law yn wyllt arnom.
Gwthiodd Nel draw at y bwrdd lle'r eisteddai ei thad. Dilynais
innau braidd yn drwsgl a phetrus, heb fod yn sicr pa un ai
dianc ai aros a oedd ddoethaf.

"Be' ddeudodd o, 'nhad?"

"Ddim llawar o ddim, Nel. Deud 'i fod o am sgwennu at
Doctor Jones. Fy nghalon i'n un fawr, medda' fo—fery larch
harrt."

Cyflwynodd Nel fi i'w thad, a mynnodd yntau inni eistedd
wrth ei fwrdd ef i gael te. Teimlwn yn yswil ac annifyr wrth

---

iddo fo: h.y. *that he*
dychmygu: *to imagine*
y daru chi sôn (G. C.): y sonioch
  chi, *that you mentioned*
cysgod: *shadow*
rhygnodd: rhwbiodd,
  (rhygnu—*to grate*)
yn stond: *dead still*
gwadnu: rhedeg ymaith, dianc

trwsgl: lletchwith, *awkward*
petrus: *hesitant*
pa un ai . . . ai: *whether to . . . or*
doethaf: mwyaf doeth/call
cyflwynodd Nel: *Nel introduced*
  (cyflwyno)
mynnodd: *he insisted*, (mynnu)
annifyr: anghyfforddus

61

siarad ag ef, a phur anesmwyth yr ymddangosai yntau. Wedi
inni'n dau roi barn ar y tywydd ryw hanner dwsin o weithiau
gofynnodd imi ymh'le y gweithiwn.

"Yn chwarel Llanarfon," meddwn innau, "yn y Bonc Fawr."

"'Rargian! Yn y Bonc Fawr? Ydach chi'n nabod Ifan
Jones?"

"Mae o'n gweithio yn y wal nesa' imi. A fo fuo'n athro Ysgol
Sul arna' i am flynyddoedd."

"Tewch, da chi! Ydach chi'n nabod Robat Davies?"

"Mi ddylwn 'i nabod o! Fo ydi 'nhad."

"Wel 'rargian! Hogyn Robat Davies! Un o'r dynion gora'
fuo' yn yr hen chwaral 'na 'rioed, 'machgan i. Deudwch wrtho
fo fod Gruffydd Owan, Llanybwlch, yn cofio ato fo—Gruffydd
Tanyfron, deudwch wrtho fo. 'Rargian, hogyn Robat Davies!
Ydach chi'n cofio'ch ewyrth, Huw Davies?"

Dywedais wrtho mai am F'ewythr Huw y buasai'r sgwrs
rhyngof a Nel drwy'r prynhawn.

"Huw Ruskin," meddai yntau'n dawel â gwên ar ei wyneb.
"Y?"

"Huw Ruskin oeddan ni yn 'i alw fo ym Mhonc yr Efail yn
y diwadd. 'Roedd o wedi mwydro'i ben yn lân hefo llyfra' rhyw
John Ruskin, yn darllan 'i weithia' fo byth a hefyd, ac yn sôn
amdano fo o hyd yn y caban. Diar, 'roedd 'na ddynion nobl
ym Mhonc yr Efail yr amsar hwnnw—Huw Davies, eich
ewyrth; yr hen Ddafydd Ifans ac Wmffra Jones, y pwyswr, i
enwi dim ond tri. Dynion heb 'u gwell nhw yn y byd."

"'Rydach chi wedi troi'n ffarmwr ers tipyn 'rwan?" meddwn
wrtho.

"Wedi gorfod rhoi'r gora' i'r chwaral, fachgan. Y gwaith yn
ormod imi, medda'r doctor."

---

pur anesmwyth: eithaf
  anghyfforddus
ymddangosai: roedd e'n
  ymddangos: (*to appear*)
barn: *opinion*
tewch (G. C.): byddwch yn
  dawel !, h.y. *you don't say*

da chi !: *good grief!*
buasai'r sgwrs: roedd y sgwrs
  wedi bod
mwydro'i ben yn lân: h.y. wedi
  cymysgu'n llwyr
gweithia': gweithiau, *works*
byth a hefyd: o hyd ac o hyd

62

"Sut yr oeddach chi'n gwneud? Aros yn y Barics yn y chwaral?"

"Ia, o fora Llun tan bnawn Sadwrn. 'Ron i'n cerddad tros y mynydd i Lanarfon acw ac i'r chwarel bob bora Llun, cysgu pnawn Sadwrn. Ond 'rŵan, rhyw biltran o gwmpas y tyddyn acw yr ydw i, bob dydd."

A rhoes ochenaid fawr arall. Yr oedd ei galon yn y chwarel. Daeth Gruffydd Owen a minnau yn gyfeillion mawr yn ystod y te hwnnw. Hoffais ef ar unwaith—dyn mwyn a thawel a chywir fel fy nhad. Tipyn o anturiaeth iddo oedd dyfod i lawr i'r dref fel hyn a throi i'r tŷ-bwyta am bryd o fwyd, a chasglai Nel a minnau iddo eistedd yno'n unig a thrist cyn inni ymddangos. Daethai yn syth o dŷ'r meddyg, ac ni chawsai unrhyw newydd calonogol yn y fan honno.

Aethom ein dau gydag ef at y bws, a chynigiodd Nel droi adref yn gwmni iddo. Ond yr oedd ef yn iawn, "yn *champion* hogan", a mynnodd ein gyrru ymaith i'n mwynhau ein hunain. Pan droesom i ffwrdd, gwaeddodd ar ein holau o risiau'r bws.

"Pryd ddowch chi i fyny i Lanybwlch 'cw am dro, 'machgan i? Dowch i edrach amdano' ni. Be' am y Sadwrn nesa'?" Ac addewais innau y down.

"'Fedra' i ddim dŵad dros 'nhad. 'Fuo' neb mwy strict na fo 'rioed. 'Roeddwn i ofn edrach ar hogyn pan fyddai o o gwmpas, a dyna fo yn rhoi gwahoddiad i chi adra y tro cynta' iddo fo'ch cwarfod chi!"

"Mae o'n sâl isio cael hanas y chwaral," meddwn innau.

"Ac wedi cymryd atoch chi yn rhyfadd. Be' ddeudith 'mam tybad?"

Barics: *Barracks* (lle cysgai rhai o'r chwarelwyr)
piltran: gwneud pethau ysgafn o gwmpas y tŷ, (*to potter around*)
rhoes: h.y. rhoiodd
ochenaid: *sigh*
mwyn: tyner
cywir: *sincere*
anturiaeth: *adventure*
casglai . . .: *Nel and I gathered/ concluded*, (casglu)
calonogol: *encouraging*

mynnodd: *he insisted*, (mynnu)
addewais: *I promised*, (addo)
down: byddwn i'n dod
dŵad (G. C.) dros: *to get over*
gwahoddiad: *invitation*
cwarfod (G. C.): cyfarfod, cwrdd
hanas: hanes, newyddion
yn rhyfadd: yn rhyfedd, *remarkably*
deudith (G. C.): dywediff, (dweud)

"Am be'?"

"Amdanoch chi'n dŵad acw'r Sadwrn nesa'."

Daeth Nel i'm cyfarfod hyd lwybr y mynydd y Sadwrn dilynol. Cerddasom yn araf o'r mynydd i Lanybwlch ac yna drwy'r caeau i gyfeiriad Tanyfron.

Melys fu oedi eto ar y bont am ennyd cyn cymryd y llwybr drwy'r caeau tua Thanyfron. Yr oeddym yn agosáu at y tyddyn pan safodd Nel yn sydyn.

"Edrychwch!" meddai. "Y cena' bach!"

Gwelwn fachgen bach yn llechu tu ôl i'r berth wrth y llidiard, fel petai'n ofni mynd i olwg y tŷ.

"Yn 'i ddillad gora' hefyd," meddai Nel. "Mi fydd o'n 'i chael hi 'rŵan."

"Wrth syrthio i'r afon," meddai Ifan, ei brawd saith neu wyth oed, pan ddaethom at y llidiard. "Slipio ar ryw hen garreg, Nel."

"Be' oeddat ti'n wneud i lawr wrth yr afon?" gofynnodd ei chwaer.

"Dal brithyll hefo 'nwylo. A dyma 'nhroed i . . . Ar 'rhen 'sgidia' newydd 'ma 'roedd y bai."

"Tyd i'r tŷ i newid cyn iti gael annwyd ne' rwbath gwaeth. Tyd."

Daeth ei thad i'n cyfarfod ar hyd y llwybr.

"A'r 'rhen 'sgidia' newydd 'na 'roedd y bai, 'nhad," meddai Ifan ar unwaith.

"Dos i'r tŷ i newid. Faint o weithia' mae isio imi ddeud wrthat ti am beidio â mynd yn agos i'r afon 'na? Dos; brysia."

Cyfarchodd (Gruffydd Owen) fi'n gyfeillgar a holi sut yr oedd fy nhad ac Ifan Môn. Wedyn aethom i fyny heibio i'r tyddyn a thrwy glwyd fechan i'r cae uwchben y tŷ. Yno, ar fin ffordd garegog, yr oedd y beudy, a dangoswyd y tair o wartheg duon imi. Nid oeddwn i yn ffarmwr nac yn fab i ffarmwr, ond

---

acw: h.y. i'r tŷ

oedi: aros am ychydig o amser

cena' bach (G. C.): h.y. rascal

llechu: cuddio

y berth: the hedge

llidiard: gât, clwyd

i olwg: within sight

brithyll: trout

'rhen: h.y. yr hen

cyfarchodd: he greeted, (cyfarch)

beudy: cartref gwartheg

ceisiais ddangos diddordeb aruthrol yn yr anifeiliaid hyn, ac yn y ddau fochyn a'r ddau ddwsin o ieir a welais ar fy ffordd yn ôl tua'r bwthyn. Cyn troi i'r tŷ, aethom i gael cip ar yr ardd fawr tu ôl iddo. Yr oedd ynddi goed afalau a choed eirin a darn da o dir newydd ei balu.

"Hywel, yr hogyn hyna' 'ma sy wrthi yn yr ardd yn fy lle i 'leni," meddai Gruffydd Owen. "Y doctor am imi beidio â straenio fy hun. Hogyn da ydi Hywel."

"Lle mae o heddiw?" gofynnais.

"Wedi mynd i chwara' *football* i'r ysgol," meddai Nel. "Mae o'n chwaraewr reit dda, ac mae Dafydd, fy mrawd arall sy'n y Cownti, wedi mynd hefo fo—i weiddi tros 'i frawd, medda' fo."

Daeth Hannah Owen, mam Nel, i'r drws cefn i alw arnom i'r tŷ. Dynes fawr, wynebgoch, oedd hi, yn llawn egni a llonder. A phan groesais y trothwy i'r gegin, gwyddwn na buaswn mewn tŷ glanach erioed.

"Dyma Hannah," meddai Nel, gan gyflwyno merch fach ryw ddeg oed imi. Merch fawr, yn hytrach, oherwydd yr oedd Hannah yn debyg i'w mam ac yn addo tyfu'n glamp o hogan.

Daeth Ifan i mewn, erbyn hyn yn ei ddillad bob-dydd a chlwt mawr ar gefn ei drowsus.

"Tyd i eistadd wrth y tân, hogyn, rhag ofn dy fod ti wedi oeri," meddai ei fam wrtho.

Rhoddwyd Ifan i eistedd wrth ben y bwrdd, a'i gefn at y tân. Gruffydd Owen a minnau un ochr i'r bwrdd, a Nel a Hannah yr ochr arall, a chymerodd y fam ei lle wrth y pen nesaf at y drws.

Go yswil a nerfus oeddwn i uwchben y te, er bod yno wledd heb ei hail—bara cartref ac ymenyn ffarm yn dew arno, cacenni bychain, teisen afalau yn llenwi plât mawr, a digon o

---

aruthrol: mawr iawn
cael cip ar: *to have a look at*
coed eirin: *plum trees*
newydd ei balu: *newly dug*, (palu)
wrthi: *at it*
llonder: llawenydd, *joy*
trothwy: carreg y drws

na buaswn: nad oeddwn wedi bod
addo: *to promise*
clamp o hogan: merch fawr
clwt: *patch*
gwledd heb ei hail: pryd mawr ardderchog o fwyd, ac ni ellid gwella arno

fara brith. Gloywai llygaid Gruffydd Owen wrth iddo sôn am y chwarel, a gwelwn fod ei wraig a Nel yn cymryd diddordeb aruthrol ym mhob gair. Casglwn iddo ofidio tros gyflwr ei iechyd ers dyddiau, ac mai mawr eu rhyddhad o'i weld yn llonni fel hyn.

Aeth Nel a minnau am dro gyda'r nos ac oedi'n hir yn sŵn yr afon. Ac am wythnosau wedyn, rhuthrwn adref o'r gwaith bron bob gyda'r nos a llyncu fy swper-chwarel ar frys gwyllt cyn newid a dringo'r mynydd tua Llanybwlch. Llithrodd Ebrill i Fai a Mai i Orffennaf, a llithrais innau'n ddyfnach mewn cariad â Nel. Yna, un hwyrddydd braf pan ddaeth i'm danfon hyd at lôn y mynydd, addawodd fy mhriodi.

Yr oeddym i briodi yn nechrau Awst, ac ar brynhawn Sadwrn poeth yn niwedd Gorffennaf yr aeth fy nhad a'm mam i Gaernarfon i brynu'r llestri te acw. Mor ofalus y rhoddwyd hwy ar y bwrdd bach wrth ffenestr y parlwr! Daeth amryw i'w gweld gyda'r nos, a galwodd eraill ar eu ffordd o'r capel bore trannoeth. "Crand gynddeiriog," oedd barn Ifan Jones.

A'r bore wedyn, yn fuan iawn ar ôl imi gyrraedd y Bonc Fawr, galwodd Ifan Môn fi i'w wal.

"Mae gen' i newydd go ddrwg iti, John," meddai.

"O?"

"'Rwyt ti'n 'nabod Danial Lewis, Llanbwlch, on'd wyt ti?"

"Ydw'."

"Mi ddaeth Danial i'm gweld i funud yn ôl. Negas oddi wrth dy gariad. 'I thad hi . . ." A thawodd Ifan Môn.

"Yn wael?"

"Fe'i trawyd o'n wael ar 'i ffordd adra o'r Ysgol Sul ddoe. Ac mi fuo . . . farw cyn pen awr."

Cefais ganiatâd y Stiward i fynd adref ar unwaith, ac wedi imi newid, brysiais tros y mynydd i Lanybwlch. Nid oedd

---

bara brith: *currant bread*
gloywai: disgleiriai, (gloywi)
rhyddhad: *relief*
llonni: *to cheer up*
hwyrddydd· noson
addawodd: *she promised*, (addo)
yr oeddym: h.y. roedden ni
amryw: llawer

crand cynddeiriog: h.y. *very posh*
barn: *opinion*
tawodd: distewodd, (tewi—bod
  neu fynd yn dawel)
fe'i trawyd: fe gafodd ei daro
cyn pen awr: o fewn awr
caniatâd: *permission*

66

llawer o ddim y gallwn i ei wneud, ond arhosais yno drwy'r dydd yn gwmni i Nel a'i mam a'r plant. Gwir a ddywedasai Gruffydd Owen, fod Hywel yn "hogyn da"; er nad oedd ond bachgen ar fin gadael yr Ysgol Ganolraddol, cymerodd y baich ar ei ysgwyddau, ac ef a drefnodd bopeth ynglŷn â'r angladd.

Euthum i'r cynhebrwng y prynhawn Mercher hwnnw yng Ngorffennaf, a chefais roddi fy ysgwydd o dan yr arch yn y tŷ ac o dan yr elor yn y fynwent. Yna, gyda'r nos, daeth Nel i'm danfon at lôn y mynydd. Sylwais ei bod hi'n dawel iawn.

"'Rydach chi'n dawel iawn, Nel," meddwn.

"Ydw'. Gadewch inni eistedd ar y grug yma am funud. Mae arna' i isio siarad hefo chi, John."

Wedi inni eistedd, syllodd yn hir i'r pellter.

"Wel?"

"Mi wn i fy mod i am eich brifo chi, John. A'ch brifo chi ar ôl i chi fod mor garedig wrth mam a finna'. Ond . . ." Gwelwn y dagrau yn cronni yn ei llygaid.

"Ond be', Nel?"

"Mi fûm i'n meddwl yn galad tros betha' ers dyddia', a 'chysgais i'r un winc neithiwr. 'Rydw i wedi penderfynu, John, na fedrwn ni ddim priodi."

"Ddim priodi? Yn enw popeth, pam?"

"Mae Hywel yn mynd i'r Coleg ym mis Hydref, ac 'rydw' i'n benderfynol y caiff o fynd yno. Wedyn, mae Dafydd yn y Cownti ac yn gwneud yn reit dda yno. Mi liciwn i 'i weld ynta' yn mynd yn 'i flaen ac i'r Coleg. Ac ar ôl iddyn nhw gael 'u siawns, mae'n rhaid imi feddwl am Hannah ac Ifan."

"Ond Nel annwyl, yr ydw' i'n ennill cyflog reit dda 'rwan yn y chwaral, a 'fasa' dim yn rhoi mwy o blesar imi na . . ."

---

gwir: *truth*
yr Ysgol Ganolraddol:
  Intermediate School
baich: llwyth
arch: coffin
elor: ffrâm i gario arch arni
grug: *heather*
am: h.y. yn mynd i

brifo (G. C.): gwneud
  dolur (D. C.), *to hurt*
dagrau: *tears*
cronni: casglu
yr un winc: h.y. *a single wink*
y caiff o: *that he'll be allowed to*
  (cael)
cyflog: *wage*

"Cardod fyddai hynny, John. Na, y mae'n rhaid imi aros yn yr ysgol a thrio helpu 'mam hefo'r ffarm bob gyda'r nos."

"A thyfu yn hen ferch o athrawes, heb gael dim sbort allan o fywyd. Na, Nel, mi briodwn ac mi ofala' i y bydd Hywel a Dafydd a'r ddau arall yn cael chwarae teg." Ond dywedai'r llygaid wrthyf mai taflu pluen yn erbyn y gwynt yr oeddwn.

Wel, bu'r llestri te acw ar silff uchaf y cwpwrdd gwydr ers tair blynedd ar ddeg, bellach, ac mae coch eu rhosynnau mor hardd ac mor loyw ag erioed. Tynnai fy mam hwy i lawr weithiau i'w golchi, a rhoddai ochenaid fawr bob tro wrth sychu eu crandrwydd rhosynnog ar y bwrdd. Ni welais i fawr ddim ar Nel drwy'r blynyddoedd, dim ond rhyw daro arni ar ddamwain unwaith neu ddwy yng Nghaernarfon. Credaswn, y nos Fercher honno pan gerddais adref dros y mynydd, fod y byd ar ben ac na allwn wynebu'r dyfodol trist a diramant. Ond fe ddyry Amser ei falm ar bob clwyf.

---

cardod: *charity*

hen ferch o athrawes: athrawes ddi-briod

taflu pluen yn erbyn y gwynt: gwneud rhywbeth amhosibl, (pluen—*feather*)

gloyw: disglair

ochenaid: *sigh*

crandrwydd rhosynnog: *rosy grandeur*

mawr ddim: dim llawer iawn

rhyw daro arni: *to bump into her*

ar ddamwain: *by accident*

diramant: heb gariad, di-gyffro

fe ddyry Amser: mae Amser yn rhoi

balm: eli, *balm*

clwyf: *wound*

VII

Y LLIAIN

Yr oedd Ella newydd orffen golchi'r llestri te pan ddaeth ei mam i mewn.

"'Rydach chi'n ôl yn gynnar, Meri Ifans," meddwn.

"Ydw'. Mi ges i fws handi iawn yn ôl. 'Roedd o'n aros reit o flaen tŷ fy nghnithar, a phan gyrhaeddis i'r groesffordd, dyna lle'r oedd y bws o Gaernarfon yn aros imi . . . Roes Ella ddigon o de i chi, John Davies?"

"Do, wir, a thamaid o ginio reit flasus."

"Dos di adra 'rŵan, Ella," meddai wrth ei merch. "Dos i ofalu am swpar-chwaral Jim. Mi wyddost fel y mae o bron â llwgu pan ddaw o adra o'r gwaith."

Wedi i Ella frysio adref, aeth ei mam ati i rifo'r cynfasau a'r llieiniau. Gwelwn hi'n cydio mewn un lliain gwyn ac yn ei agor allan a'i ddal i fyny.

"Mi ddylech chi gael arian da am hwn, John Davies."

Lliain mawr gwyn ydoedd, a'i wynder yn ariannaidd wrth iddi ei ddal yn y golau. Rhedai patrwm o ddail a blodau drwyddo.

"Heb 'i iwsio o gwbl, am wn i," meddai Meri Ifans. "Diar, ond ydi o'n grand? Lle cafodd eich mam o, tybed?"

"'Ydw' i ddim yn siŵr, ond mae gen' i ryw go' iddi 'i gael o gan y meistres cyn priodi."

"Pan oedd hi'n gweini yng Nghaernarfon?"

"Ia, os ydw' i'n cofio'n iawn."

"Pwy fasai'n 'i brynu o, tybad? Gwraig y Person, 'falla'. Wyddoch chi be', mae o bron yr un fath yn union â'r lliain

---

cnithar (G. C.): cyfnither

roes ?: roiodd ?

cynfasau: *sheets*

lliain (llieiniau): h.y. *table-cloth(s)*

gwynder: *whiteness*

ariannaidd: *silvery*

am wn i: *as far as I know*

rhyw go': rhyw gof, h.y. *some vague recollection*

gweini: gwasanaethu, *to serve*

wyddoch chi be'(?): ydych chi'n gwybod beth?

yn union: *exactly*

Cymundeb sy yn y capal, ond bod hwnnw wedi mynd yn dena' ac wedi dechra raflio. Diar, fel y byddai'ch mam druan yn 'i olchi o ac yn 'i smwddio fo bob yn ail Gymundeb! Mor ofalus y byddai hi!"

"'Roeddach chi'n dweud bod hwnnw'n mynd yn dena', Meri Ifans?"

"Ydi, ers tro bellach. Ond be' arall sy i'w ddisgwyl? Mae o gynno' ni yn y capal ers—O, tros ddeng mlynadd. Mi fuo'ch mam yn hynod ofalus ohono fo, ond 'does dim disgwyl i liain bara am byth."

"Wnâi hwn y tro, Meri Ifans?"

"I'r Cymundeb? 'Rargian fawr, gwnâi. Ond . . ."

"Mi ro i o i'r capal. Mi wn y basai 'mam yn licio hynny."

"Mi fydd Ifan Jones wrth 'i fodd. Ond ydach chi'n siŵr"?

"Ydw'."

Aeth Meri Ifans i'r llofft yn fuan wedyn, a gadael y lliain gwyn ar silff y dresal. Ia, ei roi i'r capel a wnawn, er cof am fy mam, er cof am Mr. Jones y Gweinidog—er cof am Twm Twm. A ffrydiodd atgofion i'm meddwl, am y Cymundeb, am Mr. Jones—ac am Twm Twm.

Ni chefais i fy medyddio nes oeddwn tros ddeunaw oed. Ar waethaf cymhellion aml Ifan Môn, dal i ohirio'r dydd a wnawn, a chwarae teg iddo, gadawai fy nhad fi'n llonydd. Ni soniodd Mr. Jones air wrthyf ychwaith, ac nid edrychai i'm cyfeiriad pan fedyddiai eraill. Yr oeddwn i'n meddwl y byd o Mr. Jones; ef oedd fy arwr er pan oeddwn yn hogyn bach. "Un o'r dynion nobla" oedd disgrifiad F'ewythr Huw ohono. "Gwyn eu byd y rhai pur o galon", oedd ei destun y nos Sul ar ôl marw f'ewythr, a thorrodd i lawr ar ddechrau ei bregeth. "Dim

---

cymundeb: *communion*
raflio: *to unravel*
bob yn ail: *every alternate*
yn hynod ofalus: yn ofalus iawn iawn
'does dim disgwyl: h.y. *one can't expect*
para: *to last*
wnâi hwn y tro ?: *would this do ?*
er cof: i gofio am
ffrydiodd: llifodd, (ffrydio)

bedyddio: *to baptize*
ar waethaf: *despite*
cymhellion: *urging*
gohirio: *to postpone*
arwr: *hero*
nobla': *noblest*
disgrifiad: *description*
Gwyn eu byd: *Blessed*
testun: *text*
pregeth: *sermon*   cf. pregethwr— *preacher*

llawar o bregethwr'' oedd barn amryw amdano. Ond ni feiddiai neb ddweud hynny yng nghlyw fy nhad. Onid oedd yn ysgolhaig ac yn llenor? Oni roddai'n hael, o'i arian prin, at bob achos teilwng? Oni frysiai i bob tŷ lle clywsai fod afiechyd neu dristwch? Onid arhosai ar ei draed hyd oriau mân y bore, ac weithiau drwy'r nos, wrth ambell wely cystudd? Ac onid oedd yr un fath bob amser wrth bawb—yn syml a charedig a chywir?

Rhyw nos Sadwrn oedd hi pan benderfynais gymryd fy medyddio. Aethai fy nhad i'r capel gydag Ifan Jones i daflu golwg olaf tros y trefniadau yno, ac eisteddais i wrth y tân yn gwylio fy mam yn smwddio lliain y Cymundeb ar gyfer trannoeth. Edrychodd braidd yn yswil arnaf wrth ofyn.

'''Wyt ti ddim wedi meddwl am gael dy fedyddio, John?''

'''Sdim brys, mam. Pam oeddach chi'n gofyn?''

"O, dim byd." Ac aeth ymlaen â'r smwddio.

'''Mam?''

"Ia?"

"Ydach chi eisio imi gael fy medyddio?"

"Wel, na, ond . . .''

"Ond be'?''

"Dim ond 'mod i'n meddwl y gall y peth fod yn poeni tipyn ar Mr. Jones.''

"Poeni Mr. Jones? Ddeudodd . . . ddeudodd o rywbath wrthach chi?''

"Naddo, dim ond . . .''

"Dim ond be', mam?''

"Dim ond gofyn oeddat ti wedi sôn rhywbath wrtha i.''

Poeni Mr. Jones! Ni feddyliaswn am hynny.

'''Mam?''

"Ia, John?''

---

barn: *opinion*
amryw: llawer
ni feiddiai neb: doedd neb yn meiddio, (*to dare*)
yng nghlyw: *within earshot*
onid oedd ?: *wasn't* (*he*) ?
ysgolhaig: *scholar*
llenor: *a literary man*

prin: *scarce*
teilwng: *worthy*
oriau mân: *early hours*
gwely cystudd: gwely â rhywun yn sâl iawn ynddo
taflu golwg olaf: *to cast a final look*
trefniadau: *arrangements*
trannoeth: y bore/dydd wedyn

"'Rydw' i am fynd draw i dŷ Mr. Jones."

"O ?"

"A dweud wrtho fo y liciwn i gael fy medyddio nos yfory."

"Ti ŵyr ora', John bach." A gwenodd yn dyner uwchben y lliain gwyn a smwddiai.

Ond wedi imi gael fy medyddio, ni olygai'r Cymundeb lawer imi. Hyd nes dyfod helynt Twm Twm.

Thomas Edward Thomas oedd yr enw a roes ei rieni arno, ond prin y gwyddai neb hynny nes i'r geiriau gael eu torri ar garreg ei fedd. "Twm Twm" oedd ei enw ef i bawb. Lletyai hefo Cadi Roberts, hen wraig a oedd yn byw ar y plwy' ers blynyddoedd; yno, beth bynnag i lawr wrth y llyn, y cysgai ac y llyncai damaid o frecwast, ond dyn a ŵyr ymh'le y câi fwyd trwy weddill y dydd. Hel ei damaid fel rhyw gardotyn a wnâi, a gofalai llawer un am gadw bara a chaws neu ddarn o gig ar gyfer Twm Twm. Nid bod eisiau llawer o fwyd; yr oedd yn well ganddo yfed na bwyta. Ni welais mohono erioed yn feddw—nid oedd ganddo ddigon o arian i hynny; ac ni welais mohono erioed yn hollol sobr. Enillai ychydig o bres trwy lanhau ystabl Siop y Gongl, ac ychwanegai atynt trwy gario rhyw nwydd neu fag o'r orsaf i rywun neu helpu Now Morgan i beintio'r cychod, neu hel grug gwyn a'i werthu i ddieithriaid.

Gwisgai Twm Twm fel cardotyn, ac ni phoenai am eillio'i wyneb ond rhyw unwaith bob wythnos. Câi gôt neu drowsus neu wasgod neu gap gan rywun byth a hefyd, ac ni welid neb yn y pentref â chymaint o amrywiaeth yn ei wisg. Yr oedd

---

ti ŵyr ora': ti sy'n gwybod orau
ni olygai'r . . .: doedd y . . . ddim
  yn golygu, (*to mean*)
dyfod: dod
helynt: *fuss*
prin y gwyddai neb: *no one*
  hardly knew
torri (enw): h.y. ysgrifennu (enw)
ar y plwy': *on parish (assistance)*
llyncai: *he would swallow*, (llyncu)
dyn a ŵyr: h.y. *goodness knows*
gweddill: *remainder*
hel (G. C.) ei damaid: h.y.
  chwilio am ei fwyd

cardotyn: *tramp*
sobr: *sober*
pres (G. C.): arian
ystabl: cartref ceffylau
ychwanegu: *he would add*,
  (ychwanegu)
atynt: h.y. atyn nhw
nwydd: nwyddau, *goods*
hel (G. C.): casglu
grug: *heather*
dieithriaid: ymwelwyr
eillio: *to shave*
amrywiaeth: *variety*

Twm Twm yn hoff gan bawb, yn arbennig gan blant a chŵn yr ardal. Rhoddai gwraig Siop y Gongl ddyrnaid o dda-da iddo bron bob dydd, ac âi Twm Twm am dro i fyny'r Stryd Fawr pan âi'r plant i'r ysgol a digwydd iddo gofio bod ganddo dda-da yn ei boced. Llanwai ei bocedi eraill â darnau o gig a mân esgyrn, ac ysgydwai pob ci ei gynffon pan welai Twm Twm yn agosáu.

Achosodd ymddangosiad Twm Twm yn sedd olaf y capel, un nos Sul, gyffro mawr. Prin y credai Ifan Jones ei lygaid ei hun pan gododd i ganu ac i wynebu'r gynulleidfa, a throai aml un ei ben yn ystod y gwasanaeth, yn arbennig yn ystod y weddi, i edrych a oedd Twm Twm yno o hyd. A phan ddychwelodd Dafydd Owen i'r sêt fawr hefo'r casgliad, taflodd Ifan Môn olwg pryderus i'r blwch.

Yr oedd gwisg orbarchus am gorff tenau Twm Twm, côt a gwasgod ddu hynod hen-ffasiwn, trowsus llwyd-olau, coler big a ffrynt eang ynghlwm wrthi, a thei ddu anferth ac ynddi bin. Y mae'n wir na ffitiai'r dillad fel y dylent, bod y goler lawer yn rhy fawr ac y mynnai'r ffrynt galed blygu ac ymwthio allan o'r wasgod, a gwir hefyd fod yn rhaid i Dwm Dwm dorchi ei lewys bob tro y dymunai ddyfod o hyd i'w ddwylo.

Rosie Hughes a gychwynnodd y gwrthryfel yn erbyn Twm Twm. Hen ferch biwis ac addurnol oedd Rosie, un bwysig ac urddasol iawn yn ei thyb ei hun. Aeth cyffro drwy ei holl blu sidanog pan ganfu Dwm Twm, y nos Sul gyntaf honno, a rhoes

---

dyrnaid: *handful*
da-da (G.C.): losin (D.C.)
mân: bach   cf. glaw mân
cynffon: cwt, *tail*
ymddangosiad: *appearance*
cyffro: *stir*
prin y credai I. J.: *I. J. hardly believed*, (credu)
casgliad: *collection*
golwg pryderus: *a worried look/ glance*
blwch: bocs
gorbarchus: *too respectful*, (gor + parchus)
hynod: *remarkably*

ynghlwm: *tied*
anferth: mawr iawn
pin: *pin*
torchi ei lewys: codi ei lewys, (llewys—*sleeve*)
gwrthryfel: *revolt*
piwis: *peevish*
addurnol: *decorative*
urddasol: *dignified*
yn ei thyb ei hun: *in her own opinion*, (tyb)
plu: pluf, *feathers*
sidanog: *satin*
pan ganfu: h.y. pan welodd (canfod)

73

dro sydyn yn ei sedd a chodi ei gên i ddangos yn eglur i bawb yr ystyriai beth fel hyn yn warth ac yn sarhad personol. "Be' oedd y bwgan brain 'na yn wneud yn y capel, Robert Davies?" oedd ei chwestiwn i'm tad cyn brysio allan o'r capel. Ond dal i ymddangos yn y sedd olaf a wnâi'r "bwgan-brain", a phenderfynodd Rosie Hughes ei yrru ymaith i'w ffordd a'i fyd ei hun.

Y cam cyntaf a gymerodd Rosie oedd ymweled â'm tad, trysorydd y capel, a digwyddwn innau fod yn y tŷ ar y pryd.

"Dŵad i'ch gweld chi ynglŷn â'r capel, Robert Davies," meddai yn ei ffordd gyflym, gan frathu pob gair.

"Eisteddwch, Miss Hughes," meddai fy mam.

"Thanciw."

"'Roedd yn ddrwg gynno' ni glywad am eich profedigaeth chi, Miss Hughes," meddai fy nhad.

"Ia, *auntie* druan, *poor dear*. Ond 'roedd hi bron yn *seventy-nine, you know*, ac wedi cael bywyd reit *happy*. Amdani hi yr oeddwn i eisio'ch gweld chi, Robert Davies."

"O?"

"'Roedd hi'n *well off, as you know*, ac mae hi wedi gadael 'i harian i mi. Am imi edrach ar 'i hôl hi ers blynyddoedd, *of course*."

"Mi wnaethoch chi eich gora' iddi hi, Miss Hughes," meddai fy mam.

"'Ron i'n ffond o'r hen *lady* ac yn falch o'i chwmni hi ar ôl i *father* druan farw. *Poor father*, 'roedd o'n meddwl y byd o'r hen gapel, on'd oedd, Robert Davies?"

"Mae hi'n golled inni ar 'i hôl o, Miss Hughes. Cyfrannwr hael iawn—fel chitha', o ran hynny."

---

ystyriai: *she considered*, (ystyried)
gwarth: *shame*
sarhad: *insult*
bwgan brain: *scarecrow*
ymweled â: ymweld â
trysorydd: y person sy'n gofalu
  am yr arian
ynglŷn â: *concerning*

brathu (G. C.): cnoi (D.C.),
  to bite
profedigaeth: *bereavement*
ffond: hoff, *fond*
colled: *loss*
cyfrannwr: *contributor*
hael: *generous*
o ran hynny: h.y. *as far as that goes*

"Meddwl yr oeddwn i, Robert Davies, y liciwn i roi rhyw *hundred pounds* o arian Anti Edith i'r capel. Mi wn y buasai hi a *father* yn hoffi imi wneud hynny, *d'you see.*"

"Wel, wir, Miss Hughes," meddai fy nhad, "fe fydd y brodyr yn falch iawn. 'Dydi'r sefyllfa ariannol ddim yn rhy lewyrchus fel y gwyddoch chi."

"*Quite*, ac mae'r hen gapel isio'i beintio ers tro. Ond mae 'na un peth sy'n poeni tipyn arna' i, Robert Davies, yn *worry* mawr imi."

"Be' ydi hwnnw, Miss Hughes?"

"Y Tom Tom 'na sy'n dŵad i'r capel ar nos Sul."

"O?"

"Ydi, mae'r peth yn *worry* mawr imi. 'Dydw' i ddim yn licio 'i weld o yno *at all.*"

"O?"

"Ac mae eisio i rywun ddweud wrtho fo am beidio dŵad yno, Robert Davies."

"O?"

"Meddwl yr oeddwn i na fuasai Anti Edith ddim yn licio imi roi *hundred pounds* o'i harian hi i'r capel a phobol fel'na yn dŵad yno i amharchu'r lle."

"O?"

"Ac 'roeddwn i'n meddwl hefyd, Robert Davies, mai chi ydi'r dyn gora' i fynd at Twm Twm 'na a siarad hefo fo."

"O?"

"'Roeddwn i'n siarad wrth Mrs. Howells y Bank am y peth gynna', ac 'roedd hitha' yn teimlo yr un fath, *you know*, Robert Davies."

Gwelwn fy nhad yn codi i roi pwniad i'r tân, peth anghyffredin iawn iddo ef ei wneud. Haerai fy mam mai'r ffordd orau i ddiffodd tân oedd rhoi fy nhad i eistedd wrtho.

"Wel, Miss Hughes," meddai, wedi dychwelyd i'w gadair, "mae'r hen Dwm Twm yn ddigon diniwad."

---

ariannol: *financial*
llewyrchus: *prosperous*
amharchu: *to disrespect*
gynna': gynnau, ychydig o
  amser yn ôl
pwniad: *a poke*

anghyffredin: *unusual*
haerai fy mam: *my mother asserted*
  (haeru)
diniwad (G. C.): diniwed,
  innocent

"*Drunkard*, Robert Davies, *drunkard*. *Scamp* a dim arall."
"Ond pa ddrwg mae o'n 'i wneud yn y capal, Miss Hughes?
'Fedra' i ddim gweld bod . . ."
"Drwg! Neithiwr ddwytha' yr oeddwn i'n meddwl am y
dynion *noble* oedd yn y capel pan o'n i'n hogan—llond y sêt
fawr ohonyn nhw—Richard Evans, Edward Jones, yr hen
Robert Owen, David Lloyd. Be' fasa' nhw'n ddweud? 'Ron
i'n meddwl be' fasa' *father* druan yn 'i ddweud. Mae'r peth yn
worry mawr i mi, Robert Davies, yn *worry* mawr iawn. A 'fedra'
i ddim, *on my conscience*, roi *hundred pounds* Anti Edith druan i'r
capel os ydi o i fod yn lle i bobol fel yr hen Tom Tom 'na. *I just
can't do it*, ydach chi'n dallt. Y mae *smell* diod arno fo hyd yn
oed ar y Sul."

Daeth Mr. Jones y Gweinidog i mewn i'r tŷ y munud hwnnw,
a chododd Rosie Hughes ar dipyn o frys. Ysgydwodd Mr. Jones
law â hi, gan ddweud mai dim ond galw am funud yr oedd ac
na fynnai iddi gychwyn ymaith er ei fwyn ef. Ond yr oedd
Rosie newydd gofio ei bod hi ar frys gwyllt.

"Be' sy, Robat Davies?" gofynnodd Mr. Jones ymhen ennyd,
gan sylwi bod fy nhad yn dawel iawn.

"Ydach chi isio canpunt at gronfa'r eglwys, Mr. Jones?"
oedd ateb fy nhad.

"Gan Miss Rosie Hughes?"

"Ia."

"Wel, oes, debyg iawn, Robat Davies. Mi fedar hi fforddio'ı
arian, yn enwedig 'rŵan ar ôl marw 'i modryb."

"Ond mae 'na un amod, Mr. Jones."

"Amod?"

"Ein bod ni'n gofyn i Twm Twm aros i ffwrdd o'r capal."

"O?"

"Be' ydi'ch barn chi, Mr. Jones?"

"A oes angen i chi ofyn, Robat Davies?"

---

neithiwr ddwytha': neithiwr
  ddiwethaf, dim ond neithiwr
dallt (G. C.): deall
na fynnai: *that he wouldn't wish*,
  (mynnu—dymuno)
er ei fwyn ef: *for his sake*
ar frys gwyllt: ar frys mawr

cronfa: *fund*
debyg iawn: yn siŵr
mi fedar hi (G. C.): mae hi'n
  gallu
fforddio: *to afford*
amod: *condition*
angen: eisiau

76

A llanwodd y ddau eu pibellau i gael mygyn uwchben un neu ddau o faterion eraill yn ymwneud â'r capel.

Ymunodd Mrs. Howells y Banc a gwraig arall o'r enw Susan Jones ym mhrotest Rosie Hughes, ac arhosodd y tair o'r capel am ddau Sul. Rhywfodd neu'i gilydd, daeth Twm Twm i wybod am y terfysg a achosai, a diflannodd yntau'n llwyr o'r addoldy a dychwelyd i'w garpiau ac i gwmni Capten, ceffyl Siop y Gongl, ar nos Sul. Ac yna, yn sydyn hollol, bu farw Twm Twm.

Cofiaf y bore Sul hwnnw'n dda. Edrychai Mr. Jones, wrth ddringo i'r pulpud, yn llwyd a lluddedig, ac ymddangosai yn bell a breuddwydiol yn ystod ei bregeth. Byr iawn oedd yr oedfa, a throes fy nhad a minnau tuag adref yn dyfalu beth a oedd yn poeni'r gweinidog. Goleuwyd ni yn fuan iawn, oherwydd galwodd Cadi Roberts cyn cinio i weld fy nhad. Dywedodd i Dwm Twm gael ei daro'n wael y noson gynt, ac i Mr. Jones fod wrth erchwyn ei wely trwy'r nos. Cysgodd Twm Twm ryw ychydig yn y bore bach, ond agorodd ei lygaid i weld goleuni cyntaf y wawr, ac yna eu cau am byth. Mynnai Mr. Jones, meddai hi, dalu holl dreuliau'r cynhebrwng a'r claddu ac aethai ati y bore hwnnw i ofalu am yr holl drefniadau.

Yr oedd hi'n Gymundeb y nos Sul honno, a dyna'r tro cyntaf i'r ddefod olygu rhywbeth mewn gwirionedd imi.

"Holed pob dyn ef ei hun," meddai Mr. Jones yn dawel wrth

---

pibellau: *pipes*
materion: *matters*
ymwneud â: *to do with*
rhywfodd neu'i gilydd: *somehow or other*
terfysg: storm
diflannodd: *he disappeared*, (diflannu)
yn llwyr: *completely*
addoldy: capel
carpiau: *rags*
lluddedig: wedi blino
ymddangosai: *he appeared*, (ymddangos)
dyfalu: h.y. yn ceisio meddwl
goleuwyd: *we were enlightened*, (goleuo)

cael ei daro'n wael: *(he) taken poorly*
y noson gynt: *the previous night*
erchwyn: ochr (gwely)
yn y bore bach: yn gynnar iawn yn y bore
gwawr: yr haul yn codi
mynnai Mr. J.: *Mr. J. insisted*, (mynnu)
treuliau: cost
aethai ati: *he had gone about it*
defod: seremoni
golygu: *to mean*
mewn gwirionedd: yn wir
holed pob dyn: *let every man ask*, (holi)

fwrdd y Cymundeb, gan edrych i gongl y sedd bellaf un. Yn ei weddi, diolchodd am y Gŵr a fu farw tros drueiniaid y byd, tros bublicanod a phechaduriaid, tros yr amharchus eu gwisg a'u gwedd.

Cofiaf hyd heddiw un frawddeg o'r weddi seml honno. "Gweld pobl yr ydym ni, ein Tad," meddai. "Dyro ras inni i geisio'u deall."

Pan estynnodd Ifan Môn blât y bara imi y nos Sul honno, teimlwn am y tro cyntaf, fy mod yn cymryd rhan mewn ordinhad sanctaidd iawn.

Byth er hynny, am Mr. Jones ac am Dwm Twm y meddyliaf yn ystod y Cymundeb. Y mae hi'n dair blynedd bellach er pan fu farw Mr. Jones, ac ni alwyd gweinidog gennym i gymryd ei le. Ymddengys y tair blynedd imi fel doe, ac felly hefyd y deng mlynedd er pan fu'r helynt ynglŷn â Thwm Twm. Gwelaf, wrth syllu ar y lliain gwyn acw a drawodd Meri Ifans ar silff y dresel, wyneb main a gwelw Mr. Jones wrth fwrdd y Cymundeb y nos Sul honno, a chlywaf eto gryndod ei lais.

Rhof, mi rof y lliain gwyn i'r capel, er cof am fy mam a olchai liain y Cymundeb drwy'r blynyddoedd, er cof am Mr. Jones, "un o'r dynion nobla'", chwedl F'ewythr Huw—ac er cof am Dwm Twm.

---

sedd: *seat*
pellaf un: *furthermost one*
tros: *on behalf of*
trueiniaid: *wretched people,*
  unfortunate ones
publicanod: h.y. *dishonest officials*
pechaduriaid: *sinners*
yr amharchus: h.y. *shabby*
  looking
gwedd: *appearance, manner*
seml: syml

dyro ras inni: *give us grace*
ordinhad: *sacrament*
sanctaidd: *holy*
ymddengys . . .: . . . *appear,*
  (ymddangos)
ynglŷn â: *concerned with*
a drawodd: a ddododd
main: tenau
gwelw: *pale*
cryndod: *quiver*
rhof: *yes, I shall give,* (rhoi)

78

VIII

ARFAU

Aeth Meri Ifans adref yn gynnar heno, wedi paratoi tamaid o swper imi.

Yr oedd hi newydd fynd pan alwodd Dafydd Owen. Eisteddodd, yn ôl ei arfer, yn y gadair wrth y drws, gan ddal ei het galed yn anesmwyth ar ei lin.

"Mae hi'n rhyfadd heb yr hen harmonia, John Davies," meddai. "Mynd i daro fy het arni hi o hyd."

"Dowch yma, yn nes at y tân, Dafydd Owen."

"Dim diolch. Dim ond galw am funud . . . Noson go fawr."

"Ydi, wir, heno eto. Ydi hi'n bwrw, Dafydd Owen?"

"Na, 'dydi hi ddim yn bwrw, diolch am hynny. Ond mae hi'n noson fawr."

"Ydi, wir."

"Ydi, noson fawr iawn, John Davies."

"Sut mae Sarah Owen?"

"Reit dda. Wedi mynd i'r pictiwrs."

"Rhywbath go dda yno?"

"'Wn i ddim, wir. Mae Sarah yn mynd yno bob nos Wenar fel cloc."

"O?"

"Ydi, fel cloc, bob nos Wenar. Diar mae hi'n noson fawr."

"Ydi."

"Ydi, wir, noson fawr iawn."

I beth y galwasai arnaf, tybed? Gwyliais ef yn chwarae â'i het galed ac yn codi ei ben bob hyn a hyn i wgu ar sŵn y gwynt, gan daflu rhyw "Ydi, siwr" ocheneidiol i gyfeiriad y ffenestr. Ond ni allwn deimlo'n gas at Dafydd Owen, y dyn bychan

---

yn ôl ei arfer: fel roedd e'n
  arfer gwneud
anesmwyth: *uneasy*
glin: pen-glin

noson go fawr: h.y. noson eithaf
  stormus
galwasai: roedd e wedi galw
gwgu: *to frown*
ocheneidiol: *mournful*

diniwed hwn a dreuliai ei ddyddiau'n chwilio am gyfle i wneud cymwynas â rhywun. Ni welais ef erioed yn gwneud dim yn gyhoeddus yn y capel, ond os bydd aelod yn wael neu mewn profedigaeth o ryw fath, Dafydd Owen fydd y cyntaf i alw yn y tŷ hwnnw. Ac os bydd angen rhyw help yn y capel—i gario llestri ar gyfer y te-parti, neu i gadw trefn yn y *Band of Hhpe*, neu i dorri'r gwrych o flaen yr adeilad—fe welwch Dafydd Owen wrth y gwaith cyn i neb gael amser i ofyn iddo. Os digwyddwn i fod allan gyda'r nos, wedi marw fy nhad, deuwn i'r tŷ yn aml i ddarganfod Dafydd Owen yn cadw cwmni i'm mam neu'n torri coed tân yn y cwt neu'n gwneud rhywbeth yn y tipyn gardd yn y cefn. Na, ni fedrwn deimlo'n gas at Dafydd Owen o bawb.

Cododd, ymhen tipyn, i gychwyn adref.

"Ydach chi am 'i throi hi, Dafydd Owen?"

"Ydw', fachgan. Mi ddo' i draw bora 'fory rhag ofn y byddwch chi isio help llaw hefo rhai o'r petha'."

"Diolch yn fawr i chi . . . Wel, nos dawch, 'rŵan."

"Nos dawch . . . O, John Davies?"

"Ia, Dafydd Owen?"

"Y . . . Ydach chi . . . Y . . . Be' wnewch chi hefo arfau'ch tad? Ydach chi am 'u gwerthu nhw?"

"Wel, 'wn i ddim, wir. Mae gen' i arfau newydd bron i gyd, a 'fydd arna' i ddim isio rhai am flynyddoedd. 'Doeddwn i'n cofio dim am rai 'nhad yn y cwt."

"Mi fûm i'n sôn wrth eich mam amdanyn nhw droeon, fel y gwyddoch chi. Os basai hi'n 'u gwerthu nhw i rywun, fi fasai'n 'u cael nhw, medda' hi. Ond gwrthod 'madael â nhw ddaru hi hyd y diwadd. 'Wna i ddim pwyso arnoch chi, John

---

diniwed: *naive*
gwneud cymwynas â: *to do a favour for*
cyhoeddus: *public*
profedigaeth: *bereavement*
gwrych: *hedge*
wrth y gwaith: yn gwneud y gwaith
darganfod: ffeindio

y tipyn gardd: yr ardd fach iawn
cf. tipyn ffarm
am 'i throi hi: yn bwriadu mynd tuag adref
arfau (G. C.): offer, *tools*, (h.y. offer y chwarel)
droeon: nifer o weithiau
'madael: ymadael, *to part*
cwt: sied

Davies, ond os byddwch chi am ollwng yr arfau o'ch dwylo, mi liciwn i gael y siawns gynta' arnyn nhw. Mae fy rhai i wedi treulio'n o arw, ac mae'n hen bryd imi gael rhai gwell."

"Mi wn y basai 'nhad mor barod i chi 'u cael nhw â neb. Dowch draw bora 'fory i'w nôl nhw."

"'Ydach chi'n siŵr na fydd arnoch chi mo'u hangen nhw?"

"Ydw'. Cofiwch ddŵad yma amdanyn nhw bora 'fory."

"O'r gora', John Davies . . . Nos dawch 'rŵan."

Bu arfau fy nhad yn llond fy meddwl er pan aeth Dafydd Owen gartref. Maent yn bentwr taclus yng nghongl y cwt ers rhyw dair blynedd bellach, ac wedi marw fy nhad ddwy flynedd yn ôl, gwrthododd fy mam eu gwerthu i neb. Ffolineb, efallai, fu eu gadael i rydu a difetha yn y cwt, ond ni feiddiwn i awgrymu hynny wrthi.

Aethai fy nhad yn wael tua phedair blynedd yn ôl, yn llwyd a gwan, heb flas ar fwyd na dim arall. Yr oedd yn rhaid iddo orffwys, meddai'r meddyg, ac aros gartref o'r gwaith am dipyn. Bu gartref am fisoedd a thrist inni oedd ei weld yn syllu mor aml ac mor freuddwydiol a hiraethus i gyfeiriad mynydd y chwarel. Âi at y meddyg yn ffyddiog bob bore Gwener, a'r un fyddai ei gwestiwn eiddgar bob tro—"Ga i ddechra' ddydd Llun gynnoch chi, Doctor?" Ond ysgwyd ei ben a wnâi'r meddyg, ac aeth gwanwyn yn haf, a haf yn aeaf.

Am y chwarel yr oedd ein hymgom bob gyda'r nos. Gofalwn drysori newyddion a hanesion o'r bonc bob dydd ar gyfer fy nhad, a gwrandawai yntau'n eiddgar arnynt. Gloywai ei lygaid wrth imi ailadrodd y sgwrs yn y caban-bwyta neu ryw stori newydd am Wil Erbyn Hyn neu'r hen John Ifans. "Wel, taw,

---

gollwng: gadael

wedi treulio: *have become worn*

o arw: h.y. llawer iawn
  (go + garw)

angen: eisiau

llond: llawn

pentwr: *heap*

ffolineb: peth twp

rhydu: *to rust*

difetha: *to spoil*

ni feiddiwn: feiddiwn i ddim,
  (meiddio—*to dare*)

awgrymu: *to suggest*

âi: byddai'n mynd

ffyddiog: *confident*

eiddgar: *eager*

ymgom: sgwrs

trysori: *to treasure*

y bonc: y lefel yn y chwarel

gloywai: disgleiriai, (gloywi)

ailadrodd: ailddweud

taw !: bydd yn dawel !,
  cf. *You don't say* ! (tewi)

fachgan!" "Yn hollol fel yr hen John, wel'di!" "Mae Wil yr un fath o hyd, hogyn! Ydi, wir!" fyddai ei sylwadau, gan syllu'n hiraethus i'r tân. Ac un noson, wedi imi ddwyn adref hanes Trefor Williams, partner Ifan Môn, yn dynwared pregethwyr y caban un awr ginio, ciliodd y chwerthin o wyneb fy nhad yn sydyn, a daeth rhyw olwg herfeiddiol a gwyllt i'w lygaid.

"Elin?"

"Ia, Robat?"

"'Rydw' i'n mynd i ddechra' ddydd Llun."

"Dechra'?"

"Yn y chwaral."

"'Rargian fawr, nac wyt!"

"'Rydw' i wedi segura digon hyd y lle yma."

"Mi wyddost be' ddeudodd y doctor wrthat ti bora 'ma."

"'Rydw' i am ddechra' bora Llun, doctor ne' beidio."

"Ond Robat bach . . ."

"Os ydw' i'n ddigon da i grwydro hyd y pentra 'ma, 'rydw' i'n ddigon da i fynd at fy ngwaith."

"Mi ddoi di hefo'r gwanwyn 'ma, Robat. Rhyw fis arall, wel'di, ac mi fyddi di cystal â neb. Mae'n rhaid iti aros nes cael caniatâd y doctor."

"Mi fydda' i wedi pydru o seguryd cyn y bydd y cradur yna yn gadael imi fynd yn f'ôl i'r bonc."

"Fo sy'n gwbod ora', 'machgan i."

"Gwbod! Gwbod sut i dorri 'nghalon i. Fe wnâi diwrnod yn y chwaral fwy o les imi na llond trol o'i hen bils o."

Pan ddaeth y bore Llun hwnnw, daliodd at ei air. Cododd yr un amser â minnau, a daeth i lawr am frecwast yn ei ddillad gwaith. Yn dawel a phryderus iawn y llanwodd fy mam ei dun

---

sylwadau: *remarks*
dwyn adref: mynd adref â
dynwared: *to imitate*
ciliodd: . . . *retreated*, (cilio)
golwg herfeiddiol: *defiant look*
segura: gwneud dim byd
crwydro: *to wander*
mi ddoi di: h.y. fe fyddi di'n gwella, (dod)
caniatâd: *permission*

wedi pydru o seguryd: *have rotted away (because of) idleness*
cradur (G. C.): creadur, *creature*
mwy o les: *more good*
llond trol: llawn cart
ei hen bils: h.y. *his wretched pills*, (pils—*pills*)
daliodd at: *he kept to*
pryderus: gofidus

82

bwyd, ond gwnaeth ymdrech deg i ymddangos yn llon wrth ein dilyn at ddôr y cefn.

"Paid â cherddad mor gyflym, John bach," meddai fy nhad wrthyf wedi inni gyrraedd y ffordd fawr. "Mae gynno' ni ddigon o amsar. Yn ara' deg mae mynd ymhell, wel'di, yn ara' deg mae mynd ymhell."

Cynigiodd Ifan Môn gydgerdded â ni, ond mynnodd fy nhad iddo fynd o'n blaenau—"i ddeud wrthyn nhw am roi fflagia' i fyny yn y Bonc Fawr, 'rhen Ifan."

"Sbel fach, 'rŵan, John," meddai'n sydyn yng nghanol y pentref. "Mae'n rhaid fy mod i'n mynd yn hen, fachgan. Rhaid, wir."

"Dyna be' sy'n dŵad o fyw fel gŵr bonheddig, 'nhad."

"Ia, yntê? . . . Ia, fachgan."

Canodd corn y chwarel, chwarddodd fy nhad i guddio'i siom.

"Wel, be' ddwed Ifan Môn, 'rŵan, fachgan? 'Chawn ni ddim clywad diwadd hyn gynno fo, gei di weld. Tyd, rhag ofn y bydd y Stiward o gwmpas."

Ond haws dweud "Tyd" na brysio a chymerodd ryw hanner awr inni ddringo'n araf i'r bonc. Arhosai fy nhad bob rhyw ugeinllath, gan gymryd arno syllu ar ogoniant y llyn a'r dolydd a'r pentref islaw. Anadlai rhwng pob gair wrth sôn am yr olygfa.

"'Welis i mo'r hen lyn 'na yn edrach mor grand erioed, fachgan . . . Naddo, wir . . . Naddo, 'rioed."

Dyna ddringo rhyw ugeinllath eto, ac aros wedyn.

"Pwy bia'r cwch acw ar ganol y llyn, John?"

---

ymdrech deg: ymdrech dda	dwed: dywed, dywediff
llon: hapus	gan gymryd arno: *(with he)*
yn ara' deg (G.C.): gan	*pretending*, (cymryd ar—*to*
bwyll (D. C.) h.y. *steady*	*pretend*)
cynigiodd I. M., *I. M. offered*	gogoniant: *splendour*
(cynnig)	dolydd: caeau
mynnodd fy nhad: *my father*	islaw: *below*
insisted, (mynnu)	anadlu: roedd yn anadlu,
sbel fach: egwyl, *a short rest*	(*to breathe*)
gŵr bonheddig: *gentleman*	wrth sôn: wrth siarad
siom: *disappointment*	golygfa: *scene, view*

"Now Morgan, 'fallai."

"Dim peryg'. 'Dydi Now ddim wedi rhoi tro eto, mi elli
fentro . . . Ddim wedi rhoi tro . . . Rhy gynnar i Now."

Daethom i'r bonc o'r diwedd, a gwenodd fy nhad wrth daflu
ei olwg ar hyd-ddi ac i gyfeiriad y twll a'i greigiau serth y tu
draw iddi. Cyflymodd ei gamau, er bod ei anadl yn fyr a
llafurus erbyn hyn.

Yr oedd yn dda ganddo gael eistedd.

"'Fyddai ddim yn well i chi fynd i'r caban am banad cyn
dechra' gweithio, 'nhad?" gofynnais.

"'Panad? A finna' heb wneud un strôc o waith! Tyd, rho'r
gyllall naddu 'na imi."

Gafaelodd yn y pren-mesur fel hogyn yn trio'i law am y tro
cyntaf erioed, a gloywai ei lygaid wrth iddo afael mewn llechen
a dechrau ei naddu hefo'r gyllell.

"Mae'r hen lechi 'ma'n oer, fachgan," meddai ymhen ennyd.
"Mae fy nwylo i bron â fferru . . . Ydyn', wir . . . Bron â fferru,
John bach."

Euthum i'r wal nesaf at Ifan Môn, a chefais fenthyg ei fenyg
difysedd ef.

"Hwdiwch, 'nhad; triwch rhain."

Ond dal i gwyno am yr oerni a wnâi, a gwelwn fod hynt y
gyllell naddu'n mynd yn fwy a mwy ansicr ar hyd marciau'r
pren-mesur ar fin y llechen.

"Fy mysadd i wedi mynd yn hollol ddiffrwyth, fachgan. Cyn
oered â'r llechan 'ma. Tyd di i naddu; mi hollta' inna' yn dy
le di."

Na, nid oedd y dwylo medrus wedi anghofio sut i hollti ond

---

dim peryg' (G. C.): h.y. dim o
  gwbl
rhoi tro: h.y. troi yn y gwely
mi elli fentro: h.y. *you can bet on it,*
  (mentro)
ar hyd-ddi: h.y. ar hyd y bonc
llafurus: *laborious*
y gyllall: y gyllell, *knife*
naddu: *to dress (a stone)*
pren-mesur: *ruler*

llechen/llechi: *slate(s)*
bron â fferru (G. C.): bron â
  rhewi
hwdiwch (G. C.): cymerwch,
  hwrwch (D. C.)
yr oerni: *the cold*
hynt: llwybr
ansicr: *unsteady*
diffrwyth: h.y. *numb*
medrus: *skilful*

84

cyn bo hir, llithrodd cŷn o'i law, a chaeodd ac agorodd ei ddwrn yn gyflym ddwywaith neu dair.

"Wedi chwysu yr ydw' i," meddai, "wedi chwysu ac oeri wedyn . . . Mi a' i draw i'r caban i wneud 'panad fach imi fy hun."

"O'r gora', 'nhad. Mi a' inna' i lawr i'r twll."

"Wyt ti'n saethu heddiw?"

"Ydw', am un ar ddeg, 'nhad. Mae popeth yn barod gen' i: mi fûm i'n tyllu ddydd Gwenar, ac mi es at y Stiward bora Sadwrn am bapur i gael powdwr a ffiws. Mi bicia' i draw i'r cwt powdwr a ffiws 'rŵan."

Tra oedd ef yn y caban, euthum i wal Ifan Jones i ofyn ei gyngor.

"Gad ti iddo fo, John," meddai Ifan Môn. "'Does 'na ddim ond un dyn yn y byd 'ma fedar 'i argyhoeddi o, a fo'i hun ydi hwnnw, wel'di. Mae'n amlwg fod yr hen chwaral 'ma wedi mynd yn drech na fo, ond mae'n rhaid iddo fo ddweud hynny wrtho fo'i hun. 'Rydw' i'n mynd adra awr ginio heddiw."

"O?"

"Ydw', i . . . i . . . i gynhebrwng yr hen Richard Morris. Ac fe ddaw dy dad adra hefo mi, gei di weld."

Celwyddwr go sâl oedd Ifan Môn.

"Wel . . ." A rhoes winc fawr arnaf.

Euthum i lawr i'r twll i baratoi ar gyfer y saethu am un ar ddeg. Gwyddwn y cawn fwy o gerrig pe tyllwn ryw ddwy neu dair modfedd eto ymhellach i mewn i'r graig. Ymhen tipyn, brysiodd Trefor Williams ataf.

"Ydi o'n sâff, dywed?"

"Pwy, Trefor?"

"Dy dad. Mae o'n dŵad i lawr yma i'r twll."

Ar yr ysgol fawr haearn a hongiai ar y graig o'r bonc i waelod

---

cŷn: *chisel*
dwrn: *fist*
saethu: h.y. tanio, *to fire*
tyllu: torri twll
mi bicia' i draw: *I'll pop over*,
  (picio)
(a) fedar (G. C.): sy'n gallu

argyhoeddi: *to convince*
yn drech na fo: yn ormod iddo fe
celwyddwr: *liar*
pe tyllwn: petawn i'n torri twll,
  (tyllu)
sâff: *safe*

y twll, gwelwn fy nhad yn disgyn yn araf a phetrus. Brysiais i waelod yr ysgol.

"Ydach chi'n iawn, 'nhad?" gwaeddais i fyny.

"Yn iawn? Ydw', wrth gwrs. Pam?"

"O, dim byd."

Disgynnodd yn araf i'r gwaelod, a safodd ennyd i sychu'r chwys oddi ar ei dalcen. Yna daeth hefo mi at y graig, gan edrych gyda chwilfrydedd plentyn bron ar y lle.

"Diawch, go dda John. Dyna'n union y lle baswn inna' yn 'i dyllu, fachgan. Fe ddaw 'na ddigon o gerrig inni o fan'ma, gei di weld. Digon am 'thefnos."

Mynnodd gael tyllu yn fy lle, a chadwodd hynny ef yn gynnes ac yn llon. Mynnodd hefyd gael fy helpu i baratoi'r powdwr a'r ffiws, ac ni synnwn i ddim na fuasai wedi tanio trosof oni bai imi ei yrru i'r caban-ymochel pan ganodd corn un ar ddeg.

Canodd y corn-saethu, corn tri munud wedi'r awr, a threwais fatsen olau ar ben y ffiws. Yna, rhuthrais i'r cwt-ymochel, gan ddisgwyl cael fy nhad yn crynu'n dawel a thrist mewn congl. Yn lle hynny, dyna ef a'r hen John Ifans yng nghanol y llawr ac o'u cwmpas ddistawrwydd astud.

"Ond mae'r Apostol yn dweud, John Ifans . . ." meddai llais fy nhad, ond tawodd pan ddeuthum i i mewn, gan droi ei ben i wrando am y ffrwydriad yn y graig. Rhyfedd, meddwn wrthyf fy hun, fod pawb yn gwrando mor dawel ac mor barchus ar lais fy nhad.

Torrai sŵn ffrwydriad ar ôl ffrwydriad pell tu ôl i'r clebran yn y cwt, ambell un yn ddwfn, gan ddeffro rhu taranau yng nghreigiau'r chwarel ac yn y bryniau o amgylch. A thorrodd

---

petrus: *hesitating*	trewais: dodais, (taro)
chwilfrydedd: *curiosity*	crynu: *to shiver*
diawch !: *good lord !*	dyna ef: h.y. dyna lle roedd e
yn union y lle: *the exact spot*	astud: *attentive*
'thefnos: pythefnos	apostol: *apostle*
ni synnwn i ddim: *I wouldn't be*	tawodd: distewodd, (tewi)
surprised, (synnu)	deuthum: h.y. des i, (dod)
tanio: *to fire*	parchus: *respectful*
gyrru (G. C.): anfon,	clebran: sgwrsio, *chatter*
hala (D. C.)	rhu taranau: *the roar of thunder*
caban-ymochel: caban cuddio	
(rhag y ffrwydriad—*explosion*)	

86

y ffrwydriad a daniaswn i. Gwenodd fy nhad arnaf fel y crwydrai'r eco dwfn i'r bryniau, uwch sŵn y graig. Byddai, fe fyddai gennym—gennyf—ddigon o gerrig am bythefnos. Canodd y ' corn heddwch ' yn fuan, a throes pob un ohonom yn ôl at ei waith.

"Wel, go dda, fachgan," meddai fy nhad, wedi inni gyrraedd fy margen wrth fôn y graig. "Dyma be' ydi pentwr o gerrig! Estyn y cŷn 'na i mi." Gweithiai fel dyn gwyllt, a rhedai'r chwys i lawr ei wyneb.

"Be' ydi'r brys, 'nhad?" gofynnais. "Cymerwch bwyll, da chi!"

Ond nid oedd modd atal yr egni chwyrn a losgai ynddo. Erbyn i'r corn ganu hanner dydd, yr oedd wedi llwyr ymlâdd, a da oedd gennyf droi ymaith gydag ef tua'r caban-bwyta. Gadawsom i'r dynion eraill ddringo'r ysgol haearn o'n blaen i fyny i'r bonc, a chyda thipyn o ymdrech y medrodd ef gyrraedd y lan.

"Hy, mac'n rhaid fy mod i'n mynd yn hen, fachgan," meddai eto, ar y gwastad uwchben y twll. "Rhaid, wir, John bach."

Mawr oedd y croeso a gafodd yn y caban, a pherliai dagrau yn ei lygaid wrth i'r dynion ei gyfarch mor siriol a chynnes. Chwarddodd fel plentyn mewn te-parti wrth afael unwaith eto yng nghlust yr hen gwpan a llun y Brenin a'r Frenhines arni, ac agorodd ei dun bwyd yn awchus. Parablai hefyd yn ddi-daw, a rhyw wên braidd yn blentynnaidd ar ei wyneb llwyd.

"Be' sy gen' ti, John? Oes gen' ti fwy o gaws na fi, dywed? Oes, wir, fachgan. 'Rydw' i yn cael cam, 'rhen Ifan. Ydw',

---

a daniaswn: roeddwn i wedi'i danio

corn heddwch: corn a ganai i ddweud bod y ffrwydriadau wedi gorffen

bargen: y rhan o'r graig lle roedd y chwarelwr yn gweithio

cymerwch bwyll: cymerwch eich amser

modd: ffordd

atal: stopio

chwyrn: gwyllt

llwyr ymlâdd: wedi blino'n lân

glan: *bank*

y gwastad: *the flat*

perliai: disgleiriai, (perlio)

cyfarch: *to greet*

siriol: llawen

clust (cwpan): dolen, *handle*

yn awchus: *eagerly*

parablai: siaradai, (parablu— *to chatter*)

di-daw: di-stop

plentynnaidd: fel plentyn

wir. Ac mae gynno fo fwy o deisan na fi hefyd! Rhaid imi godi row pan a' i adra. 'Dydi peth fel hyn ddim yn deg o gwbl . . .''

Yr oedd clebran fel hyn yn beth croes i'w natur, ond gwnaeth Ifan Jones a minnau ein gorau i fwynhau'r digrifwch annaturiol hwn.

Yr oedd fy nhad wrth ei fodd yn y caban, yn gwrando ar yr ymgomio ac yn gwylio pob symudiad ar bob bwrdd. Chwarddodd fel plentyn wrth weld yr hen John Ifans yn codi, yn ôl ei arfer, i daro'r procar yn y tân i'w wneud yn wynias ar gyfer ei bibell.

Crwydrodd y dynion ymaith fesul dau a dau, ac yna cododd Ifan Jones.

"Wel," meddai, "mae'n rhaid imi 'i throi hi adra 'rŵan."

"Adra?" gofynnodd fy nhad yn syn.

"Ia. Meddwl mynd i gynhebrwng yr hen Richard Morris, Creunant."

"O?"

Syllodd fy nhad i lawr y bwrdd, ac yna cododd ei gwpan i'w wefusau, er y gwyddai fod y diferyn o de a oedd ynddo yn oer erbyn hyn.

"Faint ydi hi o'r gloch, John?" gofynnodd Ifan Môn imi.

"Mae hi'n tynnu at hannar awr wedi deuddag. Pryd mae'r cynhebrwng?"

"Am ddau. Rhaid imi gychwyn . . . Wel, da boch chi 'rŵan."

Yr oedd bron wrth y drws pan alwodd fy nhad arno.

"Ifan!"

"Ia, Robat?"

"Aros am funud. Yr ydw' i'n meddwl y do' i hefo chdi."

"I'r cynhebrwng?"

"Na, adra at y tân. 'Dydw' i ddim yn teimlo'n hannar da, wel'di. Mae arna' i ofn bod yr hen ddoctor 'na yn 'i le, fachgan."

---

clebran: *chatter*
croes: *contrary*
ymgomio: sgwrsio
procar (G. C.): pocer, *poker*

gwynias: yn wyn gan dân
fesul dau: *in twos*
diferyn: *drop*
yn 'i le: h.y. yn iawn

"Wel, am wn i nad wyt ti'n gwneud yn gall, Robat, os nad wyt ti'n teimlo'n *extra*. Tyd, mi awn ni'n ara' deg."

Euthum hefo hwy hyd y bonc. Sefais am funud i'w gwylio'n mynd i lawr y llwybr, a gwenais wrth ganfod Ifan Jones yn llusgo wrth ochr fy nhad, fel petai ef, ac nid ei gydymaith, a deimlai'n llegach. Gwyddwn yn fy nghalon mai dyma'r tro olaf y gwelid fy nhad yn y chwarel, a syllais i gyfeiriad y ffordd y gwelswn F'ewythr Huw arni ar fy niwrnod cyntaf yn y gwaith. Do, aethai ugain mlynedd a mwy heibio er hynny, ond ni newidiasai'r blynyddoedd fawr ddim ar gadernid anferth y chwarel oddi tanaf.

Pan gyrhaeddais adref y noson honno, 'roedd fy nhad yn ei wely, ac ysgydwai fy mam ei phen yn drist.

"Prin yr oedd gynno fo ddigon o egni i fynd i fyny i'r llofft pan ddaeth o adra, John. Be' ddwed y doctor pan glyw o?"

Darfu wedyn ddyheu fy nhad am ddychwelyd i'r chwarel. Tynnodd ffon, a fuasai gan F'ewythr Huw, i lawr oddi ar ei bach yn y lobi wrth ddrws y ffrynt, a bodlonodd ar ei chymorth hi i grwydro hyd y pentref at y Bont Lwyd neu at yr orsaf. Unwaith yn unig y mentrodd cyn belled â gwaelod y Neidr i'm cyfarfod i ac Ifan Môn o'r gwaith. Buan y gwelodd na allai gydgerdded â ni heb inni lusgo'n araf hyd y ffordd, a gwyddai fod arnom eisiau ein swper-chwarel. I ben yr ystryd y deuai wedyn i'm cyfarfod, gan holi'n awchus am y bonc a'r twll a pha hwyl a oedd ar hwn-a-hwn.

---

yn gall: yn ddoeth, *wise*
canfod: gweld
llusgo: *to drag*
cydymaith: *companion*
llegach: gwan
fawr ddim: h.y. dim llawer o gwbl
cadernid: *strength*
anferth: mawr iawn
oddi tanaf: *below me*
gynno fo: ganddo fe
be' ddwed: beth ddywediff
pan glyw o: pan glywiff o

darfu (G. C.): gorffennodd, (darfod)
dyheu: *yearning*
ffon: *stick*
bach: *peg*
bodlonodd ar: *he (grudgingly) accepted*
cymorth: help
mentrodd: *he dared*, (mentro)
yn awchus: *eagerly*
pa hwyl: sut oedd
hwn-a-hwn: *such and such a (male) person*

Yn fuan wedyn, pan oeddwn ar ganol fy swper-chwarel, y soniodd am ei arfau.

"John," meddai'n sydyn.

"Ia, 'nhad?"

"Ydi f'arfau i yn sâff gen' ti?"

"Maen nhw yn y wal hefo'i gilydd, 'nhad—i gyd ond un."

"I gyd ond un?"

"Y cŷn manollt. 'Wn i ddim yn y byd bc' sy wedi digwydd i hwnnw. Mi faswn i'n taeru 'i fod o yno hefo'r lleill wythnos yn ôl, ond pan ddigwyddis i edrach ar yr arfau ddoe, 'doedd o ddim yno. Mi fûm i'n chwilio pob man amdano fo, ac yn holi hwn a'r llall yn y bonc, ond 'wn i ddim ar y ddaear ymh'le y mae o."

"O, paid â phoeni, John bach. Mi ddaw i'r golwg eto, wel'di."

Gwyddwn fod colli'r cŷn fel cancr yn ei feddwl drwy gyda'r nos, er y gwnâi ei orau i ymddangos yn llawen. Arhosodd wrth ddrws y gegin pan droai i'w wely.

"John. Mae arna' i eisio i ti ac Ifan Môn ddŵad â'r arfau adra 'fory. Mi fyddan' yn fwy sâff yn y cwt, wel'di."

"Ond . . ."

"Mi fydda'n biti iddyn nhw fynd ar goll. Tyd di ac Ifan â nhw, John bach."

"O'r gora', 'nhad."

Yn y cwt yn y cefn y bu'r arfau byth er hynny. Bu fy nhad farw ymhen tua blwyddyn wedyn, a soniodd llawer un wrth fy mam yr hoffai brynu'r arfau. Ond ni fynnai hi glywed am eu gwerthu, ac nid ymyrrais ddim.

Wel, fe ddaw Dafydd Owen yma bore yfory i nôl yr arfau. Y mae'n well gennyf ei weld ef yn eu cael na neb arall, am a wn i. Mi a'u rhof hwy—fel tâl bychan am ei holl garedigrwydd ef i'm tad ac i'm mam.

---

soniodd: *he mentioned*, (sôn)
cŷn manollt: *a wide, fine chisel*
mi faswn i'n taeru: h.y. *I would swear*, (taeru—*to maintain*)
hwn a'r llall: h.y. rhai dynion
mi ddaw i'r golwg: h.y. *it will reappear*

ni fynnai hi: doedd hi ddim yn dymuno, (mynnu)
nid ymyrrais: *I didn't interfere*, (ymyrryd)
mi a'u rhof hwy: fe roddaf i nhw
tâl: *payment*

IX

CLOI

Wel, bore dydd Sadwrn a ddaeth o'r diwedd, a bu hi fel ffair yma ers dwyawr. Prin y cliriasai Meri Ifans lestri'r brecwast o'r bwrdd cyn i bobl ddechrau galw i nôl eu pethau. Cyrhaedd-odd Ifan Jones a Dafydd Owen a Lewis Roberts hefyd yn gynnar i roi help llaw i gario'r dodrefn, ac wedyn, dyna'r hen dŷ yn mynd yn wacach, wacach, o hyd. Gwelyau, matresi, cadeiriau, byrddau, matiau, llestri—gwyliais bob math o bethau'n cael eu dwyn ymaith gan hwn a'r llall. Ond ni theimlwn yn drist. Yr oedd gormod o siarad a ffwdan o'm cwmpas imi gael cyfle i droi'n bruddglwyfus.

Ond erbyn hyn, yr wyf fy hunan bach yn y tŷ gwag. Nid oes cadair ar ôl, ac eisteddaf ar silff y ffenestr yn gwylio'r marwor yn y grât yn marw ac yn diffodd. O'm cwmpas y mae'r muriau noethion. Yn y fan acw, ar y mur i'r chwith imi, yr oedd y cloc y byddai fy nhad yn ei weindio'n ddi-ffael bob nos Sul; dano ef, yr hen harmoniym a chadair bob ochr iddi; yn y fan yma wrth y ffenestr, y soffa lle gorffwysai fy nhad lawer noswaith; wrth yr aelwyd, y gadair freichiau; tros y ffordd iddi, y gadair-siglo; rhwng honno a'r cwpwrdd llyfrau yn y gongl, yr ystol haearn y gwastraffai fy mam, yn nhŷb fy nhad, gymaint o'i hamser a'i hegni yn ei glanhau; wrth y mur gyferbyn â mi, y dresel dderw, a rhyngddi a'r drws sy'n arwain i'r lobi, gadair ag antimacasar coch a gwyn bob amser tros ei chefn.

Rhyfedd mor wag y gall tŷ gwag fod! Nid tŷ sy'n gwneud cartref—nid mur a drws a ffenestr ac aelwyd—ond y pethau

---

prin y cliriasai M. I.: prin roedd
  M. I. wedi clirio
dwyn: cario
ymaith: i ffwrdd
ffwdan: ffws
pruddglwyfus: trist

marwor: glo wedi hanner llosgi
muriau noethion: dim byd ar y
  waliau
di-ffael: heb fethu, *without fail*
aelwyd: *hearth*
tyb, barn: *opinion*

sydd ynddo, y lliain ar y bwrdd, y pot blodau a'r rhedyn ynddo yn y ffenestr, y papur newydd sy'n ymwthio i'r golwg dan glustog y soffa neu'r gadair freichiau, y Beibl mawr ar gongl y dresel, yr het galed a drawyd ar yr harmoniym. A'r gwacaf peth yn y byd yw cartref gwag.

Er hynny, ni theimlaf yn drist; ni wna'r gwacter a'r unigrwydd hwn imi dorri fy nghalon, fel y disgwyliaswn. Nid wyf fel petawn yn sylweddoli beth a ddigwyddodd imi; yr wyf fel dyn a gollodd ei ffordd mewn lle dieithr. Ai wrth yr aelwyd hon y chwaraewn yn blentyn? Ai i'r tŷ hwn y daeth F'ewythr Huw i aros atom? Ai yn y gegin hon y deuthum i adnabod cadernid pwyllog fy nhad a thynerwch tawel fy mam? Ai rhwng y muriau moelion hyn y magwyd fi, John Davies? Ai yma . . .?

Y dresel oedd y peth olaf un i adael yr hen gartref. Wedi i bopeth arall gael ei gludo ymaith, safai hi wrth y mur acw mor gadarn ac mor loyw ag erioed.

"Be' wnei di hefo'r dresal, John?" gofynnodd Ifan Jones imi.

Nid atebais, dim ond syllu'n hir ar yr hen ddresel o dderw du. Yr oedd hi'n rhyfedd gweld muriau noethion o'i hamgylch a'r llawr digarped, llychlyd, o'i blaen. Rhywfodd, hi oedd yr unig beth a'm cysylltai â'r gorffennol mwyach, y crefftwaith syml hwn a ddaeth yma o dŷ fy nhaid ym Môn.

Gwelwn Meri Ifans yn edrych yn hyderus arnaf gan imi addo'r siawns gyntaf ar y dresel iddi hi.

"Be' wnei di hefo'r dresal, John?" gofynnodd Ifan Jones drachefn. "Mae hi'n dresal nobyl," meddai. "Un o'r rhai nobla' welis i 'rioed."

---

rhedyn: *fern*
gwacter: lle gwag
ai ?: is/was it ?
cadernid: *steadfastness*
pwyllog: call, doeth
tynerwch: *tenderness*
muriau moelion: dim byd ar y waliau
dresel: *dresser*
y peth olaf un: *the very last thing*
cludo: cario

cadarn: *steadfast*
gloyw: disglair
muriau noethion: dim byd ar y waliau
llychlyd: *dusty*
cysylltai: *linked* (*me*), (cysylltu)
mwyach: erbyn hyn, bellach
hyderus: â gobaith
addo: *to promise*
drachefn: unwaith eto

Daeth Dafydd Owen a Lewis Roberts i mewn. Dilynwyd hwy gan Jim a Ned.

"Rhywbath arall i'w gario?" gofynnodd Jim.

"Rhywbath arall?" gofynnodd Ned.

"Dim ond y dresal," meddwn innau. "Ond mae hi'n o drom."

"Trom?" meddai Jim. "Tyd, Ned."

Ac aeth y ddau at y dresel a chydio ynddi, un bob ochr.

"I ble'r wyt ti'n mynd â hi, Jim?" gofynnodd Meri Ifans.

"'Wn i ddim . . . I ble, John Davies?"

"I dŷ dy fam yng nghyfraith, Jim."

"Reit," meddai Jim.

"Reit," meddai Ned.

A chododd y ddau y dresel i deimlo'i phwysau.

"Tyt! *Easy!*" meddai Jim.

"*Easy!*" meddai Ned.

A phoerodd y ddau ar eu dwylo cyn ailafael yn y dresel.

"'Dwyt ti ddim yn meddwl mynd â hi fel'na, Jim?" gofynnodd Meri Ifans.

"Ydw', debyg iawn. Pam lai?"

"A malu'r llestri'n deilchion, y ffŵl? Aros imi gael rhedag i'r tŷ i nôl basged ddillad i'w cario nhw. Mae'r llestri 'na yn werth arian, cofia. Paid ti â chyffwrdd yn y dresal nes do' i yn ôl. Cofia di 'rŵan."

Yr oeddynt yn werth arian, yr hen blatiau gleision a'r jygiau o liw copr ar silffoedd y dresel, a'r powliau yn y gwaelod mawr agored. Mor falch y byddai fy mam wrth eu dangos i ryw ddieithryn a ddeuai i'r tŷ! Mor ofalus y tynnai hi blât neu jwg i lawr i'r ymwelydd gael ei weld! Platiau ac arnynt batrwm pren helyg oedd ar y dresel, tair rhes o blatiau gleision hardd.

Ni chymerais i ddiddordeb mawr yn llestri'r hen dresel hyd onid oeddwn tua deg oed. Un diwrnod, deuthum adref o'r

---

yn o drom: yn eithaf trwm (go + trwm)

poerodd y ddau: *both spat,* (poeri)

ailafael: gafael unwaith eto

malu (G. C.): torri

deilchion: yn ddarnau mân

cyffwrdd: *to touch*

gleision: glas

powliau: bowlenni

pren helyg: *willow tree*

hyd onid oeddwn: *until I was*

93

ysgol â'm gwynt yn fy nwrn, gan ofyn i'm mam dynnu un o'r platiau-pren-helyg i lawr imi gael syllu arno. Miss Jones, f'athrawes yn Standard III, a adroddasai'r stori sydd yn y patrwm wrth y dosbarth, a brysiais innau adref i'w dweud wrth fy mam. Ceisiais ei chofio, rai dyddiau'n ôl, i'w hadrodd wrth Wil, hogyn Jim ac Ella, ond yr oedd yn amlwg na feddyliai Wil lawer ohoni. "Twt, stori i ryw hen gennod gwirion," oedd ei farn ef. Efallai fod Wil yn iawn, ond cofiaf i'r stori wneud argraff ar fy meddwl i—am fod fy mam mor falch o'r platiau, y mae'n debyg.

Gwn y cymer Meri Ifans bob gofal o'r hen dresel a'i llestri, ac ar ôl ei dyddiau hi, bydd Ella yr un mor garedig wrthynt. Wedi i'r ddwy gario'r llestri ymaith mewn basged ddillad fawr, brysiodd Meri Ifans yn ôl i ddiolch imi. Ond prin y medrai ddweud gair, a chronnai'r dagrau yn ei llygaid.

"'Wna i ddim trio diolch i chi, John Davies," meddai o'r diwedd. "Mae'r hen dresal a'r llestri mor werthfawr. 'Fedra' i ddim meddwl am eiria' i ddiolch i chi, wir."

O dŷ fy nhaid a'm nain ym Môn y daeth y dresel yma. Rhyw saer gwlad tuag Amlwch a'i lluniodd hi dros gan mlynedd yn ôl ar gyfer tad fy nhaid, a hi oedd brenhines cegin dlodaidd y tyddyn bach lle magwyd fy nhaid. Wedi iddo dyfu'n llanc a phriodi, dug ei wraig, geneth o Bensarn gerllaw, adref i fyw i'r tyddyn, ac yno y ganwyd eu dau blentyn—fy nhad a'm Hewythr Huw. Mewn tlodi mawr y magwyd hwy, er y llafuriai fy nhaid a'm nain yn galed ofnadwy. Fy nain a ofalai am ddwy fuwch a dau fochyn a thri dwsin o ieir; gweithiai fy

---

â'm gwynt yn fy nwrn: allan o wynt (ar ôl rhedeg)
syllu: *to stare*
a adroddasai'r: oedd wedi adrodd, (*recite*)
yn amlwg: *obvious*
gennod (G. C.): merched
gwirion: *silly*
gwneud argraff: *to make an impression*
y cymer M. I.: y bydd M. I. yn cymryd

cronnai: casglai, (cronni)
saer: crefftwr sy'n gwneud pethau o goed
lluniodd hi: gwnaeth hi, (llunio—*to form, to fashion*)
tlodaidd: dim arian
lle magwyd: lle cafodd . . . ei fagu
dug: daeth â
tlodi: *poverty*
llafuriai: gweithiai, (llafurio)

94

nhaid ym mwyn-glawdd Mynydd Parys. Gweithiasai yno er pan oedd yn wyth oed, gan ennill, i ddechrau, rôt y dydd o ddeuddeg awr. Nid oedd ond deuddeg oed pan aeth "i lawr" i gloddio'r copr, ac yno y llafuriodd fel caethwas am weddill ei oes. Llawer "Sadwrn setlo" y dôi adref heb ddimai goch ar ôl mis o waith melltigedig o galed; daliai'r meistri arian yn ôl o'r cyflog am ganhwyllau a phowdwr a minio'r ebillion a chodi'r mŵn o'r gloddfa. Yn wir, ar ddiwedd ambell fis, troai fy nhaid tuag adref mewn dyled i'r gwaith, gan fod y costau gwarthus hyn yn fwy na'r arian a enillasai ef mewn mis o chwysu yn nyfnderoedd y ddaear. Ceisiai fy nain ei berswadio i adael y lle, ond nid oedd bywoliaeth yn y tyddyn a'i dri chae bychain, llwm, a rhaid oedd cael bwyd iddynt hwy ac i'w dau o blant. Felly, o ddydd i ddydd, o wythnos i wythnos, âi fy nhaid druan i lawr siafft y ' Coronation ' i'w ladd ei hun wrth geisio ennill tamaid i'w deulu bach. A phob bore am chwech, yn y Cyfarfod Gweddi a gynhelid yn yr efail ar yr wyneb, diolchai i Dduw iddo fedru cadw ei blant rhag llwgu.

Penderfynodd fy nhad nad âi ef i'r gwaith copr. Crwydrai llawer o ddynion o'r ardal i weithio yn chwareli Arfon, er bod y cyflogau yno'n druenus o fychain a'r damweiniau'n aml.

---

mwyn-glawdd: (*mineral*) *mine*
Mynydd Parys: ger Amlwch ym Môn
grôt: pedair ceiniog
cloddio: *to dig*
caethwas: *slave*
gweddill ei oes: the rest of his life
Sadwrn setlo: Y dydd Sadwrn cyntaf o'r mis a'r gwaith ynghau ar ôl ' tâl mawr ' y nos Wener flaenorol
heb ddimai goch: h.y. heb arian o gwbl
melltigedig: h.y. ofnadwy
daliai'r meistr: *the masters withheld*, (dal)
minio: *to sharpen*

ebillion: byddai'r mwynwr yn eu defnyddio i dorri tyllau
mŵn: *mineral, ore*
cloddfa: mwynglawdd (hefyd chwarel) cf. cloddio
gwarthus: *disgraceful*
dyfnderoedd: *depths*
daear: *earth*
bywoliaeth: *a living*
llwm: moel, heb dyfiant
siafft: *shaft*
a gynhelid: a oedd yn cael ei gynnal
yr efail: siop y gof, *smithy*
wyneb: *surface*
rhag llwgu: *from starving*
yn druenus o fychain: yn ofnadwy o fach

95

Ymysg yr anturwyr hyn yr oedd Edward Morus, cymydog fy nhaid. Ymwelai â'i hen ardal ym Môn weithiau, ac ar un o'r troeon hyn yr awgrymodd i'm tad, hogyn deuddeg oed y pryd hwnnw, fynd i fyw ato ef a dechrau gweithio yn y chwarel. Neidiodd yntau at y cynnig, a chafodd groeso a chysur ar aelwyd Edward a Leusa Morris. Ymunodd ei frawd, F'ewythr Huw, ag ef ymhen rhyw ddwy flynedd, ac er nad enillent ond digon i gadw corff ac enaid ynghyd, llosgai rhamant y bywyd a'r amgylchfyd newydd yn fflam yn eu calonnau.

Aent adref i Fôn unwaith bob mis, ar nos Wener Cyfrif Mawr, yn llawn o hanesion am y chwarel, a chludent yn ôl i Lanarfon goflaid o gynnyrch y tyddyn—ymenyn ac wyau a chig moch a phob math o bethau y buasai fy nain yn eu casglu iddynt am fis cyfan.

Gweithiodd fy nhad yn y chwarel am bymtheng mlynedd cyn ennill digon o arian i feddwl am briodi. Yna, pan oedd yn saith ar hugain, aeth â'm mam adref gydag ef un nos Wener. Hoffodd fy nhaid a'm nain hi ar unwaith, a mawr fu ei chroeso yn y tyddyn. Ond er y croeso a'r sirioldeb i gyd, teimlai fy mam fod rhyw gwmwl yn yr awyr.

"Mae 'na rywbeth yn poeni dy dad a'th fam, Robat," meddai wrth fy nhad. "Be' ydi o, tybed?"

"Methu'n lân â gwybod be' i'w roi yn anrheg priodas inni y maen nhw. 'Does ganddyn nhw ddim modd i brynu dim o werth. Mi ddaru nhw benderfynu gwerthu'r ddau fochyn, ond

---

ymysg: *amongst*
anturwyr: *adventurers*
troeon: *occasions*
cysur: lle cyfforddus
ar aelwyd: h.y. yng nghartref
corff ac enaid: *body and soul*
ynghyd: gyda'i gilydd
rhamant: *romance*
amgylchfyd: *environment*
nos Wener Cyfrif Mawr: y noson
   cyn Sadwrn setlo—noson
   derbyn tâl

hanesion: storïau
cludent: roedden nhw'n cario,
   (cludo)
coflaid o gynnyrch: *an armful*
   of produce
sirioldeb: *cheerfulness*
methu'n lân â gwybod: h.y.
   ddim yn gallu meddwl o gwbl
modd: ffordd
o werth: *of value*
mi ddaru nhw (G. C.): fe
   wnaethon nhw

mae prisia' moch yn gynddeiriog o isel 'rŵan. 'Wyddon nhw yn y byd mawr 'ma be' i'w wneud."

"'Does dim isio iddyn' nhw chwilio am ddim inni."

"Nac oes, ond . . ."

Clywais stori'r prynhawn Sadwrn hwnnw droeon gan fy mam. Aethai hi a'm tad am dro drwy'r caeau, a phan ddychwelodd y ddau, dyna lle'r oedd fy nhaid a'm nain yn synfyfyrio wrth y tân.

"'Rydan ni wedi bod yn meddwl . . ." meddai fy nhaid o'r diwedd.

"Ydan," meddai fy nain.

". . . be' 'rown ni i chi yn anrheg wrth briodi."

"Meddwl yr oeddan ni . . ."

"Am y dresal," meddai fy nain.

"'Rargian fawr, 'chewch chi ddim rhoi honna inni!" meddai fy mam.

"Mi fydd yn dda inni gael 'i lle hi," oedd dadl fy nain. "Mae hi'n rhy fawr i'r gegin yma, ac mi fydd gynnoch chi ddigon o le iddi."

"Mae Wil Prisiart yn mynd i'r Borth hefo'i drol bob dydd Llun," meddai fy nhaid, "ac mi geiff o fynd â hi. Mi a' i hefo fo i weld 'i bod hi'n cael 'i rhoi'n sâff ar y cwch. Mae Wil yn 'nabod y rhai sy'n cario yr ochr arall i'r Fenai, ac mae o'n siŵr o fedru trefnu hefo nhw."

Ofer fu dadlau fy nhad a'm mam, ac ymhen wythnos, cyrhaeddodd y dresel Lanarfon yn ddiogel yn nhrol rhyw ddyn o Fangor. Mynnodd fy nhaid dalu costau'r cludo, ac ymhen pythefnos, pan aeth adref wedyn, y darganfu fy nhad fod y

---

yn gynddeiriog o isel: h.y. yn ofnadwy o isel

'wyddon nhw: h.y. dydyn nhw ddim yn gwybod

synfyfyrio: yn meddwl yn ddifrifol

'chewch chi ddim: *you can't*, (cael)

y Borth: Porthaethwy, *Menai Bridge*

trol: cert

mi geiff o: *he'll be allowed to*, (cael)

y Fenai: afon Menai

ofer: *in vain*

dadlau: protestiadau

mynnodd: *he insisted*, (mynnu)

darganfu fy nhad: *my father discovered*, (darganfod)

ddau fochyn wedi eu gwerthu. Cafodd yntau a'm Hewythr eu ffordd, yn ddistaw bach, trwy brynu dau i gymryd eu lle.

Rhaid imi ddweud stori'r hen dresel wrth Meri Ifans ac wrth Ella—ond y mae'n bur debyg iddynt ei chael o'r blaen gan fy mam. Dyma Meri Ifans yn dod yn ei hôl—i gymryd gofal o agoriad y tŷ, y mae'n debyg.

*　　*　　*　　*

Chwarae teg i Mrs. Humphreys, gwnaeth le hynod gysurus imi yma yn fy llety. Eisteddaf yn y gadair freichiau y byddai fy nhad mor hoff ohoni, a'r ochr arall i'r aelwyd y mae cadair-siglo debyg iawn i'r un oedd gan fy mam. Disgleiria tanllwyth gwresog yn y grât, ac anodd fyddai i neb ddod o hyd i le tân mor loyw ac mor lân.

Ar y silff-ben-tân, gosodwyd y llun o'm mam a'm tad a minnau, y llun hwnnw a dynnwyd yng Nghaernarfon pan oeddwn i tua chwech oed. Eistedd fy nhad i fyny fel procer, gan blethu ei ddwylo ar ei wasgod ac agor ei lygaid fel petai'n ceisio gweld ei dalcen ei hun. Y mae fy mam hefyd yn annaturiol o stiff. Saif mor syth â phlisman wrth ochr fy nhad a'i llaw dde ar ei ysgwydd â rhyw drem herfeiddiol yn ei llygaid. Siwt llongwr sydd amdanaf i, a safaf fel soldiwr tun wrth ochr fy nhad, fy ngwallt wedi ei wlychu dipyn a'i gribo i lawr ar fy nhalcen, fy nwylo'n dynn wrth fy ochrau, a golwg wedi sorri ar fy wyneb. "*Attention*", y mae'n debyg, oedd y gorchymyn a roed i'r soldiwr bychan hwn, a safodd yntau'n stond ac anfoddog am ennyd.

---

yn ddistaw bach: *on the quiet*
yn bur debyg: *quite likely*
yn dod yn ei hôl: (*Meri I.*)
  returning
agoriad (G. C.): allwedd
hynod gysurus: h.y. cyfforddus
  iawn
llety: *lodgings*
tebyg iawn: *very much like*
tanllwyth gwresog: llwyth o dân
  twym
dod o hyd: ffeindio

gloyw: disglair
procer: *poker*
plethu: *to fold*
talcen: *forehead*
saif: mae hi'n sefyll
trem: edrychiad, *look*
herfeiddiol: *challenging*
safaf: rydw i'n sefyll
sorri: *to sulk*
gorchymyn: *command*
stond: sefyll yn llonydd
anfoddog: anfodlon

Y ddwy gadair, y lluniau, yr hen liain pinc ar y bwrdd, y llyfrau a'r hen Feibl mawr ar y silffoedd gyferbyn â mi, y llestri rhosynnog yn y cwpwrdd acw yn y gornel—teimlaf yn gartrefol wrth edrych o gwmpas yr ystafell hon.

Ni theimlwn yn drist yn yr hen dŷ wrth wylio'r dodrefn yn cael eu cludo ymaith; yn wir, yr oeddwn yn falch o weld y gwaith o'u chwalu'n dyfod i ben. Ond pan ddeuthum allan hefo Meri Ifans i gloi'r drws er mwyn rhoi'r agoriad yn ei gofal hi, daeth rhyw bwl ofnadwy o hiraeth trosof.

"Paid â chlepian yr hen ddôr 'na, John," fyddai geiriau fy mam yn aml pan frysiwn o'r tŷ i rywle, ond heddiw caeais hi'n dawel a gofalus iawn. Rhywfodd, daeth y syniad i'm meddwl fod fy mam yn fy ngwylio ac yn gwrando am sŵn y glicied. Er fy mod i'n gapelwr mor selog, ni bûm erioed yn grefyddwr dwys fel fy nhad; ni feddyliais fawr ddim am anfarwoldeb a'r byd, os oes byd, tu draw i'r llen. Rhyw fyw o ddydd i ddydd y bûm, heb boeni am y problemau mawrion y byddai fy nhad a Mr. Jones yn sgwrsio mor ddifrifol yn eu cylch. Ond heddiw, pan gododd fy mawd oddi ar glicied y ddôr, gwyddwn fod fy mam yn clywed y sŵn.

Gwell imi gadw i ffwrdd o'r hen dŷ, bellach. Daw eraill i fyw ynddo, dodrefn newydd i'w ystafelloedd, llenni dieithr ar ei ffenestri, lleisiau a chamau gwahanol o'i gwmpas ef. Pe crwydrwn ar hyd lôn fach y cefn tuag at y ddôr, gwn y disgwyliwn glywed y drws yn agor a'm mam yno i'm croesawu.

Gynnau, galwodd Glyn, fy mhartner yn y chwarel, am funud.

---

chwalu: *to disperse*
gofal: care
pwl: *a bout of*
clepian: *to slam*
rhywfodd: rhywffordd
y glicied: *the latch*
capelwr: *chapelgoer*
selog: ffyddlon
crefyddwr: *religious person*
dwys: *solemn*
mawr ddim: dim llawer iawn
anfarwoldeb: *immortality*

tu draw i: yr ochr arall i
mawrion: mawr
yn eu cylch: amdanyn nhw
fy mawd: *my thumb*
bellach: o hyn ymlaen
pe crwydrwn: petawn i'n crwydro, (*to wander*)
gwn: rydw i'n gwybod
y disgwyliwn: y byddwn i'n disgwyl, (*to expect*)
gynnau: ychydig bach o amser yn ôl

"Tyd, gwna dy hun yn barod, was," meddai. "'Rydan ni'n dau yn mynd i Gaernarfon am swae."

Gwyddwn mai ffordd Glyn o wneud imi ymysgwyd oedd hon, a theimlwn yn ddiolchgar iddo am ddyfod i'm tynnu ymaith oddi wrth fy atgofion. Nid oedd am roddi cyfle imi, ar fy niwrnod cyntaf fel hyn yn fy llety, i bendwmpian wrth y tân.

"O'r gora', Glyn," meddwn. "Mi ofynna' i i Mrs. Humphreys baratoi tamaid o ginio inni'n dau, ac wedyn mi ddaliwn fws hannar awr wedi un."

"Cinio? 'Rydan ni'n mynd am swae i Gaernarfon, 'ngwas i, a chychwyn ymhen chwarter awr."

"Ond gwell inni gael pryd o fwyd cyn mynd."

"Wyt ti'n cofio'r platiad o ham gawsom ni yn y caffi hwnnw ddeufis yn ôl? Mi gawn ni ginio yn fan'no, ac wedyn mi awn ni i'r pictiwrs pnawn 'ma. Te a digon o fara-brith, ac ar ôl hynny, i'r syrcas sy yn y Pafiliwn. Tyd; deffra. Mae arna' i isio picio i siop y cemist am funud . . ."

"Rhywun yn sâl acw, Glyn?"

"Dic bach, ond dim o bwys. Tipyn o annwyd ar 'i frest o . . . 'Fydda' i ddim chwinciad."

Fe ddaw yn ei ôl ymhen ennyd, a rhaid inni frysio i ddal y bws. Gwna, fe wna diwrnod yng Nghaernarfon les imi yn lle fy mod yn pendrymu uwch fy atgofion fel hyn o hyd. O'r gorau, awn i'r dref am swae!

---

gwas: h.y. bachgen, *lad*
swae: h.y. tipyn o hwyl
ymysgwyd: *to stir myself*
pendwmpian: hanner cysgu a meddwl yn drist
picio (G. C.): *to pop over*
o bwys: *of importance*

chwinciad: *a wink*
fe ddaw e yn ei ôl: h.y. fe ddaw e 'nôl
lles: daioni, *good*
pendrymu: pendwmpian
uwch: uwchben

ATODIAD

A. YN O . . .

Fe welwch fod T. Rowland Hughes yn defnyddio'r ffurf *yn o* . . .
quite . . . yn lle *yn eithaf* . . . Treiglad meddal o *go* (ar ôl *yn* yw *o*), ac
mae treiglad meddal yn dilyn *o* yn ogystal, e.e. yn o farw, yn o saff,
yn o gynnar, yn o drom (trwm), yn o ryfedd, yn o agos, yn o ddieithr.

B. BORE—BORA

Efallai eich bod wedi sylwi bod *e* yn sillaf olaf gair yn nhafodiaith
Gwynedd yn troi'n *a*, e.e. bore—bora cf. amsar, capal, calad, yfad,
rhwbath, gartra, pymthag, toman, hanas, rhedag, llawar, chwaral,
swpar, diwadd, llathan, eistadd, blynadd, plesar, diniwad, nos
Wenar, bachgan, rhyfadd, cyllall, clywad, deuddag, teisan, chwanag

C. *USED TO/WOULD*

Mae'r ffurfiau cryno (**concise**) yn ddieithr weithiau i ddysgwyr.

a) Fel arfer mae'r berfau'n gorffen fel hyn :
—wn i
—et ti
—ai e/hi
—em ni (—*en ni* ar lafar)
—ech chi
—ent hwy (—*en nhw* ar lafar)
e.e. gobeithiwn i—roeddwn i'n arfer gobeithio/byddwn i'n
          gobeithio
    crwydrai hi—roedd hi'n arfer crwydro/byddai hi'n crwydro

Sylwch yn arbennig ar y ffurfiau —*wn i* ac —*ai e/hi* gan eu bod yn
digwydd mor aml, e.e. gobeithiwn, teimlwn, cofiwn, liciwn, rown i
ddim, fel y mwynhawn, edrychwn, synnwn, gwelwn . . ., crwydrai,
soniai, liciai, gallai, gwasgai, eisteddai, penderfynai, daliai, canai,
rhoddai, dewisai . . .

b) Dyma'r ffurfiau afreolaidd (**irregular**) :

Mynd		*Dod*	
(a)	(b)	(a)	(b)
awn i/elwn i		deuwn i/delwn i	
aet ti/elet ti		deuit ti/delet ti	
âi o/hi/elai e/hi		deuai o/hi/delai fe/hi	
aem ni/elem ni		deuem ni/delem ni	
aech chi/elech chi		deuech chi/delech chi	
aent hwy/elent hwy		deuent hwy/delent hwy	

Gwneud		*Cael*	
(a)	(b)	(a)	(b)
gwnawn i/gwnelwn i		cawn i/celwn i	
gwnait ti/gwnelet ti		caet ti/celet ti	
gwnâi o/hi/gwnelai e/hi		câi e/hi/celai fe/hi	
gwnaem ni/gwnelem ni		caem ni/celem ni	
gwnaech chi/gwnelech chi		caech chi/celech chi	
gwnaent hwy/gwnelent hwy		caent hwy/celent hwy	

(Mae ffurfiau (b) yn ymddangos o bryd i'w gilydd yn y nofel.)

Gan eu bod yn digwydd mor aml mae'n werth sylwi'n arbennig ar y berfau hynny sy'n gorffen yn :

—*wn i*   h.y. awn i, deuwn i, gwnawn i, cawn i, gwyddwn i (gwybod)
—*ai e/hi*   h.y. âi e/hi, deuai, gwnâi, câi, gwyddai (gwybod)

CH.   —ASWN I/—ASAI E/HI

Rydych yn gyfarwydd â'r patrwm *Roeddwn i wedi colli* . . . Nid yw'r un gair amdano, sef *collaswn* mor gyfarwydd efallai.
Sylwch yn arbennig ar ddau derfyniad (**ending**) :

—*aswn i*   h.y. roeddwn i wedi . . . e.e. disgwyliaswn, prynaswn, bwytaswn
—*asai e/hi* h.y. roedd e/hi wedi . . . e.e. gweithiasai, collasai, llifasai, codasai